GRUNDKURS
TEICH
ANLEGEN

Peter Robinson

GRUNDKURS
TEICH
ANLEGEN

Anlage · Gestaltung · Bepflanzung

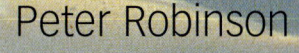

AUGUSTUS

Die Deutsche Bibliothek – CIP-Einheitsaufnahme

Ein Titeldatensatz für diese Publikation ist bei der
Deutschen Bibliothek erhältlich.

Dieses Buch folgt den Regeln der neuen deutschen
Rechtschreibung

Titel der Originalausgabe:
Pond Basics
Hamlyn, Octopus Publishing Group Ltd
2 – 4 Heron Quays, London E 14 4JP
© Octopus Publishing Group Limited 2000

Augustus Verlag München 2001
© Weltbild Ratgeber Verlage GmbH & Co. KG
Alle Rechte vorbehalten

Umschlaggestaltung: Vera Faßbender, Augustus Verlag
Umschlagfoto(s): vorne: o.l. Garden Picture Library;
o.r. Photos Horticultural; u.: Garden Picture Library
Illustration: Damien Rochford
Gesamtproduktion: Buch & Konzept,
Annegret Wehland, München
Übersetzung: Birgit Adam, Augsburg
Redaktion: Katja Holler, Dießen/Ammersee
Satz: Uhl+Massopust, Aalen
Gesetzt aus der Vectora 8/11 Punkt
Gedruckt auf chlorfrei gebleichtem Papier

Printed in China

ISBN 3-8043-7178-7

INHALT

Vorwort 7

1 **Planung** 8

2 **Aushub und Einbau** 22

3 **Fließendes Waser** 38

4 **Dekorative Elemente** 54

5 **Tierleben im Teich** 66

6 **Bepflanzung** 78

7 **Pflanzen** 92

8 **Teichpflege** 108

9 **Der Teich im Jahreslauf** 118

Register 124

Bildnachweis 128

VORWORT

Spiegelungen, Geräusche und Bewegung machen Wasser zu einem einzigartigen Element, das Ihrem Garten eine ganz neue Dimension verleiht. Es kann beruhigen oder aufmuntern, je nachdem ob es in Gestalt eines ruhigen friedlichen Teiches oder eines fröhlichen Springbrunnens daherkommt.

Als Folge weltweit zunehmender Wasserknappheit lernen wir, das Wasser wieder als unser wertvollstes Lebenselement zu schätzen. Mit einem sorgfältig geplanten Wassergarten können wir die Schönheit des Wassers bewundern und genießen, ohne die Wasservorräte zu stark zu beanspruchen. Vielmehr leistet ein Wassergarten einen positiven Beitrag zum Naturschutz, da sich dort Tiere ansiedeln und so in einer zunehmend feindlichen Umwelt überleben können.

Einen Wassergarten zu bauen war noch nie so interessant und leicht wie heute. Es gibt immer mehr Baumaterial, Zubehör und Pflanzen, sodass jedermann einen Wassergarten anlegen kann – und das ganz nach seinen individuellen Vorstellungen.

Das Buch „Grundkurs Teich anlegen" zeigt Ihnen anschaulich, wie Sie mit einem Minimum an Fachkenntnissen einen Wassergarten anlegen können und führt Sie sicher an allen Fallgruben vorbei, sodass Sie ein zufrieden stellendes Ergebnis erhalten.

1 PLANUNG

Nichts eignet sich besser als Wasser, um die optische Wirkung von Licht und Form zu verstärken oder eine ganz bestimmte Atmosphäre zu erzeugen. Die umstehenden Pflanzen und Bäume spiegeln sich in einem stillen Teich und schaffen einen Ort der Besinnung. Im Gegensatz dazu bringen die faszinierende Bewegung und das rhythmische Geräusch eines Springbrunnens Lebendigkeit und dramatische Spannung in Ihren Garten. Während eine ruhige Wasserfläche Formen und Strukturen spiegelt, fängt bewegtes Wasser das Licht ein. Wie Lichtadern durchziehen Bäche einen Rasen oder Steingarten, und Felsen und Kieselsteine glitzern in der Gischt eines Wasserfalls.

DIE WAHL DES WASSERGARTENS

Wasser ist so vielgestaltig einsetzbar, dass kein Grundstück zu klein, kein Stil zu streng und kaum ein Geldbeutel zu schmal ist, um irgendein Gestaltungselement mit Wasser im Garten unterzubringen.

Zunächst will ich mit zwei häufigen Irrtümern aufräumen: Erstens braucht fließendes Wasser keinen Anschluss an die Hauptwasserleitung und zweitens eignen sich Teiche nicht nur für regenreiche Gegenden, besonders in trockenen Klimazonen stellen sie angenehme Oasen im Garten dar.

Bevor Sie ein Wasserelement anlegen, überlegen Sie sich genau, was Sie erreichen wollen und planen dann, wie Sie das

Wasser am besten im Garten integrieren. Berücksichtigen Sie dabei auch die Bewegung und das Geräusch des fließenden Wassers: Diese Elemente müssen ebenso sorgfältig in eine Gartenanlage mit einbezogen werden wie Farbe oder Struktur. Mit Durchflussreglern im Springbrunnen oder Wasserfall können Sie Druck und Lautstärke des Wassers steuern. Ist das Wasserspiel zu laut, wirkt es aufdringlich. Sie ärgern sich aber, wenn es zu leise ist. Auch die Art des Klangs spielt bei der Gestaltung eine Rolle, plätschert ein Wasserfall auf Kieselsteine im flachen Wasser, entsteht ein ganz anderes Geräusch, als wenn er in tiefes Wasser fällt.

Wie Sie den idealen Standort für Ihren Teich finden, erfahren Sie im Kapitel „Anlage und Bau" ab Seite 22, zunächst möchte ich Ihnen jedoch die wichtigsten Arten von Gartenteichen vorstellen.

Formale Teiche

Der typische, rund, oval oder viereckig geformte Zierteich eignet sich optimal für einen kleinen Garten mit wenig Rasen oder für einen gepflasterten Garten. Formale Teiche besitzen deutlich erkennbare Ufer, die meistens gemauert sind und den Teichen eine geometrische Form geben. Sie sind nur spärlich bepflanzt, hauptsächlich werden Solitärpflanzen mit kräftigen aufrechten Blättern in Wasserpflanzenkörbe gesetzt. Ein Beispiel hierfür ist die Schwertlilie. Mit ihren hoch aufragenden schwertförmigen Blättern bildet sie einen starken Kontrast zur Wasserfläche.

Links: Die kräftigen Konturen dieses Kanals geben der stillen Wasseroberfläche einen perfekten Rahmen. In den kleinen Becken sind auch Springbrunnen denkbar.
Rechts unten: Derselbe Farbton für Mauerbogen und Brunnenrand lenkt die Aufmerksamkeit auf die Statue.

Erhöhte Teiche

Auch erhöhte Teiche passen gut in kleine und gepflasterte Gärten. Wenn noch dazu ein hoher Zaun oder eine Mauer den Garten umgibt, mildern die Lichtspiegelungen des Teiches das Gefühl der Eingeschlossenheit. Ein besonderer Vorzug eines gemauerten Teiches liegt darin, dass man auf dem Teichrand sitzen und so das Wasser ganz aus der Nähe genießen kann. In Kombination mit einer Fontäne oder einem Wasserspiel eignet sich ein solcher Teich gut für die Fischhaltung, da das sprudelnde Wasser den Teich mit Sauerstoff versorgt.

Naturnahe Teiche

Beim Planen eines naturnahen Teiches gilt die erste Überlegung der Frage, wie man ihn in die Gartenanlage integrieren kann. Besonders Pflanzenfans fühlen sich von dieser Teichart angesprochen. Sie bietet viel Spielraum für üppige Bepflanzung, die in anderen Gartenteilen vielleicht nicht möglich ist. Die Teichufer können gut in einen Sumpfbereich übergehen; planen Sie dafür also frühzeitig Platz ein. Wenn Sie Fische halten wollen, müssen Sie sich hinsichtlich deren Arten, Größe und Anzahl einschränken, um ein ökologisches Gleichgewicht zu erhalten.

Fischteiche

Wenn Sie Fische halten wollen, müssen Sie Ihren Teich von Anfang an unter diesem Gesichtspunkt planen. Ein ernsthafter Fischzüchter benötigt eine ganz andere Ausstattung als ein Pflanzenfan. Der Teich muss so angelegt sein, dass dort zusätzliche Geräte wie Pumpen und Filter Platz haben, da die Fische wachsen und sich vermehren und viel Sauerstoff brauchen. Außerdem müssen Sie den Teich regelmäßig säubern können. Kleine Fische werden größer, besonders Koi-Karpfen, und große Kois vertragen sich nicht allzu gut

Tipp

Mit Kanälen kann man den Blick sehr gut auf einen bestimmten Punkt, zum Beispiel auf eine Statue oder Vase lenken.

mit Wasserpflanzen. Pflanzen liefern zwar genug Sauerstoff für einen kleinen Zierteich, können aber den Bedarf großer Fische nicht decken.

Der Teich als Biotop

Diese Teiche sind immer interessant, selbst in den Wintermonaten, wenn das Laub abstirbt. Die Wasserfläche lockt dann Vögel zum Baden an die flachen Ufer. Achten Sie bei Ihrer Planung darauf, dass diese flachen Badezonen an einer Stelle liegen, die vom Haus aus gut zu sehen ist. So ein „Strand" ist nicht nur für badende Vögel wichtig, sondern auch für Amphibien, die dort den Teich bequem betreten und verlassen können. Wenn Ihr Grundstück in ländlicher Umgebung

liegt, bringen solche Teiche ein Stück Naturlandschaft in den Garten.

Kanäle

Kanäle passen sehr gut zu geometrischen Teichen. Sie bilden seichte, schmale Bäche aus fließendem Wasser, das sich bewegt, wenn Ihr Garten am Hang liegt. Auf ebenem Grund ist ein Kanal ein langer, schmaler Teich, meist ohne Pflanzen, der nicht nur einen starken optischen Eindruck in einer Gartenanlage macht, sondern auch einen Lichtstrahl in den Garten bringt.

Springbrunnen

Springbrunnen bringen Ihren Teich mit reizvollen Lichtspielen

zum Glitzern und das Wasser wird hörbar. Man kann sie in allen Teichen einrichten, am besten passen Springbrunnen jedoch zu geometrischen Wasserbecken.

Fontänen präsentieren das Lichtspektrum in seiner ganzen Schönheit und stellen in formalen Gärten einen herrlichen Mittelpunkt dar. Besonders gut wirken Springbrunnen, wenn sich auf einer großen klaren Wasserfläche die symmetrischen Formen des Gartens spiegeln und so die parallelen Linien stark betont werden.

Wasserspeier lassen Mauern interessanter wirken. Sie könnten das Wasser auch durch mehrere Brunnenbecken fließen lassen, bis es sich schließlich in einen Teich ergießt.

Links: Flache Sandsteine an Ufer und Teichgrund geben diesem sorgfältig angelegten Wasserlauf ein natürliches Aussehen.

Unten: Graben Sie ein gebrauchtes Fass teilweise ein, so wird das aufgequollene Holz besser gestützt und bleibt wasserdicht.

Bäche und Wasserfälle

Ein Bach, der sich langsam dahinschlängelt, macht einen Garten in sanfter Hanglage sehr viel interessanter. Üppig bepflanzt kann er große Rasenstücke auflockern. Wenn der Garten steiler abfällt und der Bach schneller fließt, können Sie ihn mit Steinen eingrenzen und Gebirgspflanzen an seinen Ufern pflanzen. Kreative Gärtner sind hier in ihrem Element, denn sie können kleine Felsenteiche anlegen und allerlei gurgelnde Geräusche entstehen lassen, wenn das Wasser Felsabsätze hinabfällt.

Wasserbehälter

Mit Behältern wie Fasshälften, alten Waschbecken oder Sandsteintrögen können Sie auch auf begrenztem Raum einen Wassergarten anlegen. Außerdem gibt es immer mehr Fertigteiche zu kaufen, bei denen winzige Pumpen das Wasser durch Vasen, gusseiserne Handpumpen und andere Gefäße laufen lassen. Sie passen in jeden Garten: Ton und Bewegung entstehen auf Knopfdruck.

Rechts: Für Teiche mit sanft geschwungenen Rändern verwenden Sie kleine Terrassenplatten. So müssen Sie keine größeren Steine zerschneiden. Sie müssen die Platten mit Mörtel gut befestigen.

SICHERHEITSVORKEHRUNGEN

Ob ein Teich für Kinder sicher ist oder nicht, ist eine entscheidende Frage. Auch das flachste Gewässer kann kleinen Kindern gefährlich werden und vielleicht müssen Sie mit einem Teich einfach noch ein bisschen warten.

Diese Wartezeit können Sie angenehmer gestalten, wenn Sie in der Zwischenzeit ein Gestaltungselement in den Garten bringen, das später einmal Wasser enthalten kann. So wirkt z.B. eine trockene Kiesmulde, die in einen Bereich mit größeren Kieselsteinen übergeht, ähnlich wie Wasser. Später können Sie daraus einen Bach oder Teich gestalten. Oder wie wäre es zunächst mit einem Sandkasten an der Stelle, die Sie für den Teich vorgesehen haben? Legen Sie die flache Aushebung mit Plastikfolie aus, die Sie später

als Unterlage für den Teich verwenden.

Schwerer haben es Familien mit kleinen Kindern, die gerade ein neues Haus bezogen haben, in dessen Garten sich bereits ein Teich befindet. Vorübergehend könnten Sie den Teich trocken legen und mit Sand auffüllen, doch gibt es auch eine schönere Möglichkeit: Zäunen Sie den Teich mit einem Holzzaun ein und bringen Sie ein abschließbares Tor an. So oder so – bald werden Sie den alten Teich wieder mit Wasser füllen bzw. den Zaun abbauen können. Es gibt Möglichkeiten, um einen Teich „kindersicher" zu machen.

Eingeebnete Ufer

Viele Teiche in ländlichen Gegenden waren früher Grundwasser-

seen, also Teiche, die durch Kiesgewinnung oder Grabungen zum Grundwasser entstanden sind. Die Uferböschungen dieser Teiche fallen oft steil ins Wasser ab, besonders bei niedrigem Wasserstand im Sommer. Ein solches Ufer birgt viele Gefahren, z.B. wenn Kinder zum Wasser rennen und am Ufer ausrutschen. Diese Gefahr können sie mildern, indem Sie das Ufer einebnen, sodass man die Wasserfläche schon aus der Ferne sehen kann und nicht erst, wenn man unmittelbar davor steht.

Ein Teich mit leicht abfallenden, flachen, wasserbedeckten Ufern ist nicht nur sicherer, sondern er erscheint auch freundlicher und größer. Der Teich sieht weniger tief und bedrohlich aus, da das Wasser am Ufer nicht unergründlich wirkt. Wenn Sie

Ein Schutzgitter anbringen

Wenn Sie die Wasseroberfläche mit einem Schutzgitter abdecken, wird Ihr Teich kindersicher.

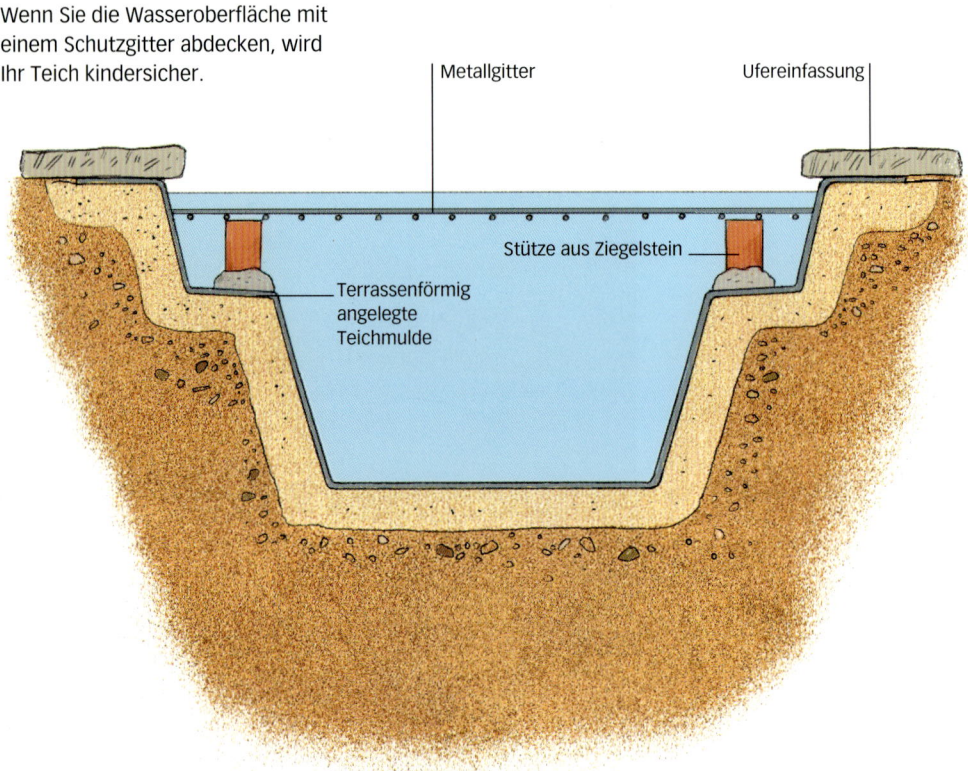

Metallgitter

Ufereinfassung

Stütze aus Ziegelstein

Terrassenförmig angelegte Teichmulde

einen naturnahen Teich anlegen, sollten Sie statt Steilufer ein sanft abfallendes Ufer einplanen. Außerdem häufeln Sie die ausgehobene Erde nicht rings um den Teichrand an, damit kein Erdwall entsteht. Dieser würde ein gefährliches Steilufer bilden.

Sichtbare Ufer

Gestalten Sie das Teichufer so, dass niemand darauf ausrutscht.

Am gefährlichsten sind alte Pflastersteine, denn dort siedeln sich Algen an, die bei Regen sehr glitschig werden. Wenn Sie Natursteine verwenden, so sollten diese eine raue Oberfläche besitzen und stets algenfrei gehalten werden. Viele neu hergestellte Betonpflastersteine besitzen eine aufgeraute, rutschfeste Oberfläche und eignen sich daher gut für den Rand formaler Teiche.

Immer beliebter wird das Pflastern mit Holz. Achten Sie auch hier darauf, dass die Oberfläche nicht rutschig, sondern rau ist. Nasses Holz ist ebenso gefährlich wie Naturstein und auf glatt gehobelten Flächen sollte man nicht herumlaufen. Mit quadratischen Holzrosten oder Holzdecks aus gerillten Latten verringern Sie die Rutschgefahr.

Schutzgitter

Einen sehr kleinen Teich können Sie mit einem stabilen Gitter aus verzinktem Metall abdecken, dessen Ränder Sie unter Uferpflanzen verstecken. Diese Gitter sind im Baumarkt erhältlich und dienen eigentlich dazu, Betonböden und -wege zu verstärken. Durchschnittlich sind sie etwa 2 x 1,2 m groß. Ihr Teich sollte

Tipp

Ein dicht unter der Wasseroberfläche angebrachtes Schutzgitter können Sie verbergen, wenn Sie Kieselsteine darauf legen, wie beim Kieselsteinbrunnen auf Seite 53 beschrieben.

Rechts: Kaum ein Wassergarten ist so sicher wie ein Springbrunnen mit Kieselsteinen – und er wird von allen Kindern begeistert aufgenommen.

etwas kleiner sein, damit das Gitter am Rand ein wenig überstehen kann.

Bei größeren Teichen stützen Pfeiler im Wasser das Gitter ab, so können Sie auch mehrere Gitter aneinander fügen. Bei abgestuften Teichwänden stehen die Pfeiler auf einer dieser Stufen im Teich. Zwei oder drei Ziegelsteine reichen als Stütze. In den tieferen Bereichen des Teiches benötigen Sie dagegen höhere Pfeiler.

Pflanzen als Schutz

Ihr Teich lässt sich ganz natürlich einzäunen, indem Sie seine Ufer so dicht bepflanzen, dass niemand ins Wasser fallen kann. Die Pflanzen schränken zwar den Blick auf den Teich ein, doch Sie können sie später – wenn Ihre Kinder größer sind – einfach umsetzen. Am sichersten wird Ihr Teich, wenn Sie ihn mit undurchdringlichen dichten Gehölzen umgeben.

Hartriegel (*Cornus*) und Weiden (*Salix*) eignen sich auf feuchten Böden gut als Zaun. Auf trockenerem Untergrund können Sie auch andere Gehölze verwenden, die schnell Dickichte bilden. Verhältnismäßig kindersicher sind Teiche, die speziell für Tiere geschaffen wurden, denn sie besitzen dicht bepflanzte, flache Uferzonen.

Erhöhte Teiche

Wasserbecken mit einer 60 bis 90 cm hohen Umrandung sind hoch genug, dass ein kleines Kind das Wasser nicht erreicht. Um den Zugang zum Wasser zusätzlich zu erschweren, können Sie die Beckenmauer mit Abdeckplatten verkleiden, die etwa 5 bis 10 cm über den Rand hinausragen.

Für ältere oder behinderte Menschen stellt ein Teich vor allem dann eine Gefahr dar, wenn seine Ränder schief oder uneben ausgelegt sind, da sie dann leicht ausrutschen.

Ein erhöhter Teich ist daher für Personen mit eingeschränktem Seh- oder Bewegungsvermögen ideal geeignet – und zu-

sätzlich lässt sich sein Rand als Sitzgelegenheit nutzen!

Spielelemente

Ein Springbrunnen mit Kieselsteinen und einem sprudelnden Wasserstrahl macht einem Garten nicht nur attraktiver, sondern bereitet auch Kindern viel Freude. Die Anleitung hierfür finden Sie auf den Seiten 48–49. Wenn das Stütznetz für die Steine stabil genug ist, können Kinder nicht ins Wasser fallen. Eine weitere Spielart ist ein einfacher Sprüh-Springbrunnen. Hier ist das Gitter des Sammelbeckens sehr feinmaschig und Sie können rundkörnigen Kies darauf legen, auf dem Kinder gut gehen oder rennen können.

Niederspannungsanlagen

Eine Niederspannungsanlage versorgt Springbrunnenpumpen oder die Teichbeleuchtung mit Strom.

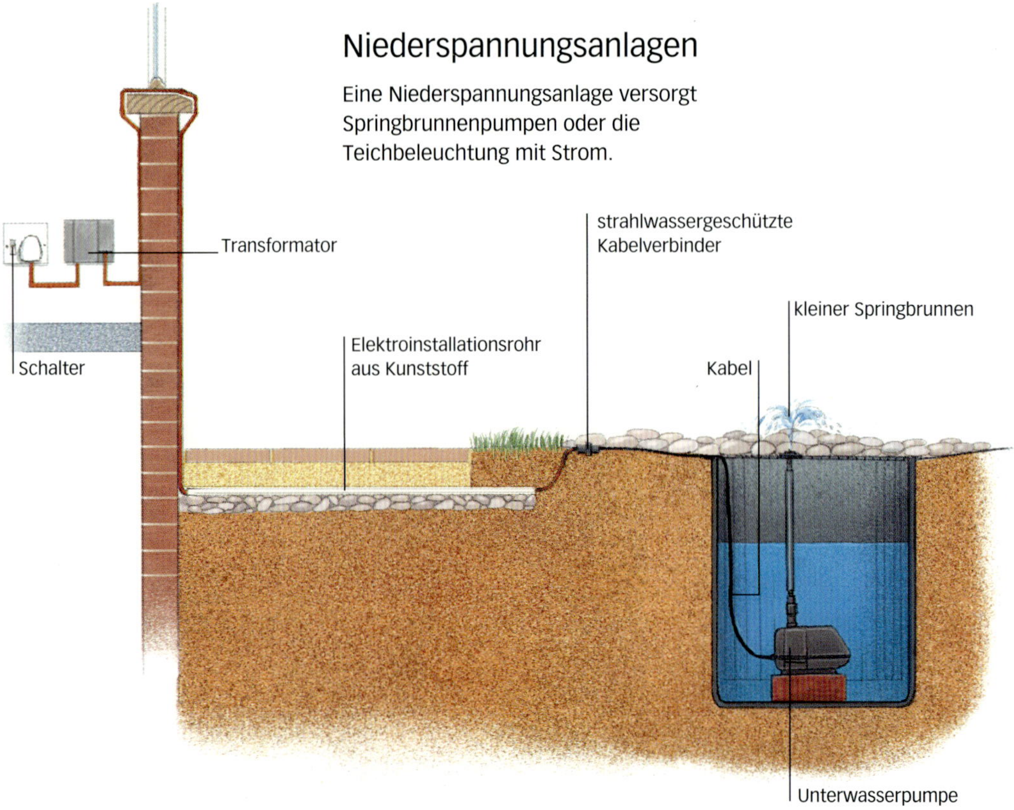

Transformator

strahlwassergeschützte Kabelverbinder

kleiner Springbrunnen

Schalter

Elektroinstallationsrohr aus Kunststoff

Kabel

Unterwasserpumpe

Anschluss an das normale Stromnetz

Pumpen für Springbrunnen mit über 1 m hohen Fontänen betreiben Sie mit normaler Spannung.

Großer Springbrunnen

Fehlerstromschutzeinrichtung

strahlwassergeschützter Kabelverbinder

Schalter

Fliesen oder Trassenwarnband über dem Kabel

Erdkabel oder Kabel im Panzerrohr als zusätzlichen Schutz

Pumpenkabel (normalerweise 10 m lang)

Unterwasserpumpe

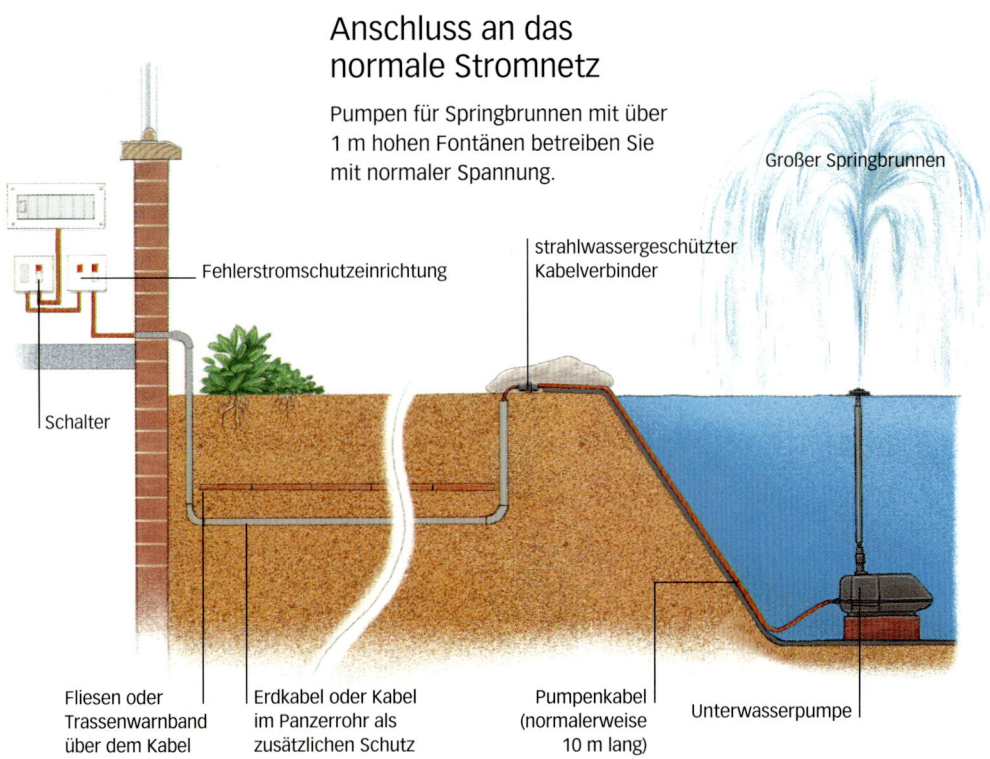

Rechts: Erhöhte Wasserbecken mit Seitenwänden,
die zu hoch für Kleinkinder
sind, stellen kaum eine Gefahr dar. Die überstehenden
Abdeckplatten erschweren
das Klettern zusätzlich. Erwachsene können den Rand
als Sitzgelegenheit nutzen.

Strom und Wasser

Es ist verständlich, wenn Sie die Kabel für den Teich nicht gerne an das Hauptstromnetz anschließen wollen. Dennoch kann das Risiko eines Stromschlags durch eine Fehlerstromschutzeinrichtung, auch Stromunterbrecher genannt, fast völlig beseitigt werden. Diese Stromunterbrecher kann man an alle Elektrogeräte montieren, die im Freien verwendet werden und bei denen die Gefahr einer zufälligen Erdung besteht. Die Schalter sind äußerst empfindlich und unterbrechen den Stromkreis innerhalb von 30 Millisekunden nach einem Leck oder einer Erdung.
Manches elektrische Teichzubehör wie z.B. die Beleuchtung kann zwar durch eine Niederspannungsanlage und einen Transformator sicherer gemacht werden, doch die reduzierte Spannung reicht nicht für Springbrunnenpumpen aus, die über 1 m hoch spritzen. Diese brauchen zumeist die normale 220-Volt-Spannung. Bevor Sie elektronisches Zubehör einbauen, sollten Sie Folgendes beachten:

- Lassen Sie sich von einem professionellen Elektriker hinsichtlich des Zubehörs und dessen Einbau beraten.
- Schützen Sie sich vor einem Stromschlag, indem Sie einen Stromunterbrecher am Anschluss zur Hauptleitung installieren, selbst wenn Sie nur Zubehör für niedrige Spannung benutzen. Müssen Sie dennoch eine 220-Volt-Leitung durch Ihren Garten verlegen, so verwenden Sie ein Erdkabel und graben Sie es 30 bis 60 cm in die Erde ein. Markieren Sie seinen Verlauf mit Dachplatten und Trassenwarnband.
- Verwenden Sie beim Anschluss an die Hauptleitung nur wasserdichte Anschlussdosen und Schalter. Bringen Sie diese an einem Ort an, wo sie möglichst nicht nass werden können.
- Schreiben Sie auf, wo Sie unterirdische Kabel verlegt haben.

Links: Dieser geometrische Teich liegt mitten im Garten, damit die Pflanzen so viel Sonne wie möglich bekommen.

Unten: Ein tiefer Bereich in einem flachen Steinteich in sonniger Lage hält Algen fern. Sie können dort auch gut eine Kläranlage und einen Filter einbauen.

DER RICHTIGE STANDORT

Bevor Sie sich endgültig auf einen Standort für Ihren Teich festlegen, sollten Sie sich Gedanken über Größe, Ausmaß und Profil des Teiches machen.

Größe

Allgemein gilt, je größer, desto besser. Das liegt daran, dass sich größere Teiche im Laufe der Zeit viel besser pflegen lassen als kleine. Außerdem muss sich manch ein Teichbesitzer eingestehen, dass ein größerer Teich vielleicht doch besser gewesen wäre, da er bald keinen Platz mehr für neue Pflanzen hat.

Je kleiner der Teich ist, desto häufiger stellen sich Probleme wie Algenbefall, extreme Temperaturschwankungen oder unzureichende Sauerstoffversorgung der Fische ein. Wenn möglich, sollte Ihre Wasserfläche mindestens 4,5 bis 5,5 m² messen.

Größe und Profil

Die Wasserfläche kann noch so groß sein: Wenn der Teich nur 8 bis 15 cm tief ist, ist das eine Katastrophe. Die ideale Tiefe für einen mittelgroßen Teich von etwa 5 bis 18 m² beträgt 60 cm. Kleinere Teiche sollten etwa 40 bis 45 cm tief sein. Für Teiche, die größer als 18 m² sind, ist eine Tiefe von 75 cm ideal. Maßgeblich für diese Richtwerte sind

die Bedürfnisse von Grünalgen: Diese gedeihen nämlich am besten in warmem, flachem, sonnenbeschienenem Wasser, also in den 15 cm direkt unter der Wasseroberfläche. In tieferen Gewässern liegt der Großteil des Wassers unterhalb dieser warmen und hellen Zone. Außerdem dämpft eine größere Wassermenge schnelle und häufige Temperaturschwankungen.

Dieses Verhältnis von Tiefe und Oberfläche gilt nur für Teiche mit beinahe senkrechten Ufern. Teiche mit einer flachen, tellerförmigen Grundform enthalten dagegen nur etwa halb so viel Wasser und es wird schwieriger, den Teich algenfrei zu halten. Kleinere Teiche, deren Wände ringsum abgestuft sind, enthalten ebenfalls weniger Wasser. Planen Sie nur dort Terrassen ein, wo Sie Pflanzen einsetzen wollen und nicht um den ganzen Teich herum. Bei formalen Teichen reicht – unabhängig von ihrer Oberfläche – eine Tiefe von 75 cm aus.

Sonstige Überlegungen

Wenn Größe und Profil feststehen, können Sie den Standort für Ihren Wassergarten suchen. Es mag nahe liegend erscheinen, einen geometrischen Teich auf der Terrasse in der Nähe des Hauses anzulegen, einen natürlichen dagegen am tiefsten

Punkt des Gartens. Um den idealen Standort zu finden, sollten Sie folgende Punkte bedenken.

Schatten

Auf den Teich sollte so viel Sonne fallen, dass sich das Wasser anwärmt und die Unterwasserpflanzen ausreichend mit Licht versorgt sind. Nur wenige Pflanzen wachsen in schattigen Teichen, auch Seerosen blühen dort nicht gerne.

Besonders problematisch sind Bäume als Schattenspender: Blätter fallen ins Wasser, sammeln sich am Teichgrund und bilden dort eine dicke Moderschicht, wenn Sie nicht von einem Netz (z. B. aus Plastik) über der Wasseroberfläche abgefangen werden. Durch den Fäulnisprozess entsteht Methangas, das den Fischen schadet. Vor allem die Blätter von Eibe, Stechpalme und Goldregen dürfen keinesfalls in den Teich fallen, da sie für die Tiere und Pflanzen im Wasser giftig sind. Nadelbäume mögen zwar weniger problematisch erscheinen, doch verlieren sie trotzdem ständig Nadeln und hinterlassen feine Knospenschuppen auf der Wasseroberfläche.

Wind

Wind kühlt die Wasseroberfläche ab, versprüht das Wasser aus dem Springbrunnen und beschädigt die weichen fleischigen Stängel der Uferpflanzen. Ein Teich wird oft mitten auf dem Rasen angelegt, damit er so viel Sonne wie möglich abbekommt, doch ist er dort auch dem Wind stärker ausgesetzt. Schutz bieten ein Spalier oder Pflanzen in der Hauptwindrichtung. Künstlicher Windschutz sollte immer halb durchlässig sein, damit auf der windgeschützten Seite keine Wirbel entstehen. Stellen Sie den Windschutz nicht direkt am Teich auf, denn der beste Effekt am Boden ist erst in einer Entfernung zu spüren, die der sieben- bis zehnfachen Höhe des Windschutzes entspricht.

Frost

Da sich kalte Luft in Mulden sammelt, sind die Pflanzen dort durch Frühlingsfröste besonders gefährdet. Natürliche Teiche liegen häufig an der tiefsten Stelle im Gelände, um ihre naturnahe Wirkung zu betonen. Wer um seine Pflanzen fürchtet, sollte den Teich an einer etwas höheren Stelle im Garten anlegen.

Hanglage

Ein steiler Abhang in Ihrem Garten muss kein Hindernis darstellen: Graben Sie den Teich in den Hang hinein und stützen Sie ihn auf der frei liegenden Seite mit einer Böschung ab. So ein Teich sollte schmal sein und sich in den Hang einfügen. Wenn Ihr Haus oberhalb des Teiches liegt, erhöhen Sie den unteren Teichrand, sodass man die Wasserfläche leichter sehen kann.

Wenn Ihr Haus dagegen am Fuß des Abhangs liegt, graben Sie tiefer in den Hang hinein, sodass Ihnen kein hoher Teichrand die Sicht versperrt.

Ein Teich am Fuß eines Abhangs wird leicht von Frost oder herabgespülter Erde geschädigt. Fließt mit der Erde Dünger in den

Links: Elemente wie Wasserspeier beleben Schattenplätze. Ideale Pflanzen für diese Standorte sind Farne.

Teich, kann das eine sprunghafte Vermehrung von Algen zur Folge haben, da diese dann mehr Nährstoffe erhalten. In Gegenden mit Regenfällen oder häufigen Überschwemmungen sollten Sie daher Entwässerungskanäle im Rasen anlegen.

Grundwasserspiegel

Der Grundwasserspiegel ist die Höhe, bis zu der Wasser in einem Loch oder Brunnen steht. Der örtliche Grundwasserspiegel hebt und senkt sich mit den Jahreszeiten und kann auch durch größere Baumaßnahmen oder Entwässerungsprojekte in der Umgebung beeinflusst werden. Zumeist liegt das Grundwasser weit unter einem Teich, aber auf feuchtem, schwerem Boden kann es gelegentlich zum Problem werden. Die Höhe Ihres Grundwasserspiegels stellen Sie fest, indem Sie ein 60 bis 90 cm tiefes Loch graben und dann ein oder zwei Tage warten, ob sich Wasser darin zeigt. Wenn das Wasser fast bis obenhin steht, sind Probleme zu erwarten, da

der Druck des Grundwassers die Teichauskleidung verformen könnte.

Unterirdische Gefahren

Wenn Sie einige mögliche Standorte festgelegt haben, müssen Sie sich noch unbedingt erkundigen, ob ein ausgegrabener Teich nicht über einer Abwasser-, Gas-, Strom- oder Telefonleitung liegt. Sind Sie sich über deren Verlauf nicht sicher, sollten Sie sich an das jeweilige Versorgungsunternehmen wenden. Dieses kann den Verlauf der unterirdischen Leitung genau feststellen.

Die Feinabstimmung des Standortes

Vermutlich wird der ideale Standort eine Kompromisslösung sein. Ganz oben auf Ihrer Wunschliste steht bestimmt ein Platz, an dem Sie den Teich auch von einem Fenster Ihres Hauses sehen können. Auch der Wunsch, dass sich Schmuckelemente oder Bäume im Wasser spiegeln, wird eine Rolle spielen. Hilfreich ist

dabei eine Standortskizze, in die Sie Schatten, die vorherrschende Windrichtung, Leitungen und Einsichtmöglichkeiten einzeichnen. Dann geht es ab in den Garten: Mit einem Gartenschlauch können Sie die Teichumrisse auf dem Rasen auslegen. Nehmen Sie dann einen Ganzkörperspiegel als „Wasseroberfläche" und beobachten Sie, welche Spiegelungen sich zeigen. Damit Sie diese von einem bestimmten Fenster aus bewundern können, sollten Sie den „Teich" ruhig so lange hin und her schieben, bis Ihre Aussicht optimal ist. Wenn Sie ihn nur etwa 60 bis 90 cm verschieben, verändert dies den Spiegelungswinkel und den Rahmen des Bildes bereits ganz erheblich.

Steht der ideale Platz fest, so überlegen Sie, ob der Teich Strom braucht. Wenn Sie unbedingt eine Pumpe benötigen, die Entfernung dies aus Kostengründen aber nicht zulässt, müssen Sie den Standort vielleicht doch noch einmal neu überdenken und verlegen.

Tipp

Abhänge haben häufig einen felsigen Untergrund, der Grabungen erschwert. Ob die Erdschicht auf dem Fels tief genug für einen Teich ist, stellen Sie fest, indem Sie kleine Löcher in den Boden graben.

Der ideale Standort für Ihren Teich

Bei der Wahl des Standorts für Ihren Teich müssen
Sie mehrere Gesichtspunkte berücksichtigen.

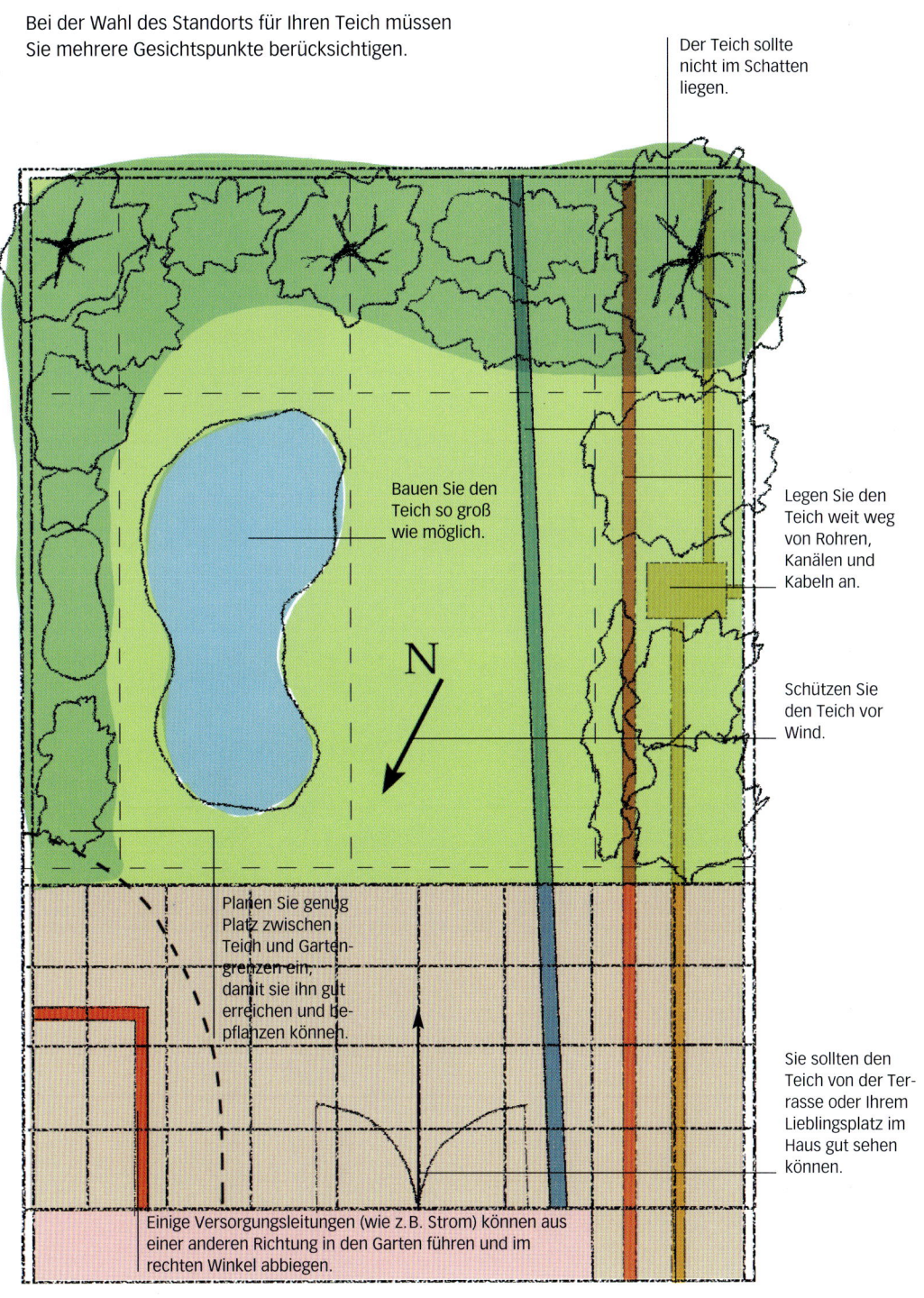

Der Teich sollte
nicht im Schatten
liegen.

Bauen Sie den
Teich so groß
wie möglich.

Legen Sie den
Teich weit weg
von Rohren,
Kanälen und
Kabeln an.

N

Schützen Sie
den Teich vor
Wind.

Planen Sie genug
Platz zwischen
Teich und Garten-
grenzen ein,
damit sie ihn gut
erreichen und be-
pflanzen können.

Sie sollten den
Teich von der Ter-
rasse oder Ihrem
Lieblingsplatz im
Haus gut sehen
können.

Einige Versorgungsleitungen (wie z.B. Strom) können aus
einer anderen Richtung in den Garten führen und im
rechten Winkel abbiegen.

2 AUSHUB UND EINBAU

Von einigen Ausnahmen abgesehen können Sie alle Arbeitsschritte beim Anlegen eines Teiches auch ohne Bauerfahrung erfolgreich ausführen. Außerdem stehen Ihnen heute so viele synthetische Materialien wie noch nie zuvor für den Teichbau zur Verfügung. Von den Folien zur Abdichtung bis hin zum letzten Schliff der Teicheinfassung gibt es für jeden Stil etwas Passendes. Wenn Sie erst einmal an Selbstvertrauen gewonnen haben, können Sie einen einfachen Teich immer noch erweitern, z.B. mit einem Beet für Feucht-pflanzen, einem Wasserlauf oder einem Sumpfgarten.

BODENAUSHUB

Wenn Sie den Teich auf einer Wiese oder Rasenfläche anlegen, sollten Sie zunächst die oberste Grasschicht entfernen und – vorausgesetzt Sie haben genug Platz – die Grassoden mit der Oberseite nach unten ordentlich aufeinander stapeln. Nach einer Kompostierzeit von einigen Monaten bilden diese einen faserigen Lehm, der ein gutes Substrat für Wasserpflanzen in Pflanzkörben darstellt. Die nächste, etwa 30 bis 40 cm dicke Schicht heißt Mutterboden und eignet sich ebenfalls als Substrat für Körbe oder als Deckerde auf Beeten. Diese Erde ist unersetzlich, wenn Sie nach dem Bau noch leichte Änderungen an den Teichumrissen vornehmen müssen. Die unterste Schicht, der Unterboden, hat zumeist eine andere Farbe als der Mutterboden. Falls Sie die Teichtiefe nicht mehr wesentlich verändern wollen, brauchen Sie ihn nicht mehr.

In der Nähe des Teiches können Sie einen Hügel als Ausgangspunkt für einen Wasserlauf anlegen, doch sollten Sie in einem ebenen Garten darauf achten, dass er nicht zu künstlich wirkt. Das erreichen Sie, indem Sie Maße und Steigung so natürlich wie möglich gestalten. Die Höhe des Hügels sollte nicht mehr als ein Fünftel seines Durchmessers betragen.

Sickerwasser

Das einzige unvorhersehbare – und zum Glück auch seltene – Problem beim Ausheben ist Wasser, das besonders im Winter auf nassem, schwerem Boden in das Loch sickert. Bei feuchtem Boden sollten Sie daher rechtzeitig Ihren Grundwasserspiegel überprüfen (siehe Seite 20). Falls das Problem dennoch auftritt, kann eine der folgenden Methoden Abhilfe schaffen.

- Erhöhen Sie den Teich, indem Sie zusätzlich Erde aufschütten.
- Verlegen Sie den Teich auf einen höheren Untergrund.
- Bauen Sie einen gemauerten Teich oder halb in den Boden eingelassenen Teich (siehe Seite 34–35).
- Versuchen Sie den Boden rund um den geplanten Teich zu entwässern.
- Pumpen Sie das Wasser aus dem Loch und verwenden Sie dann einen stabilen Fertigteich aus Glasfaser (siehe Seite 24). Beschweren Sie diesen zusätzlich mit Ziegelsteinen oder Betonblöcken.

Ein reiner Zierteich braucht am Boden keinen Stöpsel, es besteht das Risiko, dass dieser nicht ganz wasserdicht ist. Ein Stöpsel ist nur bei Fischteichen nötig, die aus hygienischen Gründen regelmäßig gesäubert werden.

FERTIGTEICHE

Diese eignen sich sehr gut für symmetrische Wasserbecken. Es gibt zwei Arten von Fertigteichen: feste Formen, meist aus glasfaserverstärktem Polyester oder anderen Kunststoffen oder dünnere, halbfeste Formen aus preisgünstigerem Plastik, die durch einen Saugvorgang raffinierte Formen erhalten. Bei beiden Arten sind einfache Formen günstiger als verspielte oder schmale Umrisse. Bei quadratischen, rechteckigen und runden Formen lässt sich der Rand besser abdecken, sodass der Fertigteich nicht mehr zu sehen ist. Die stabileren Teiche kann man falls nötig gut reparieren oder säubern, denn von ihrer glatten Oberfläche lassen sich Algen leicht entfernen.

Fertigteiche lassen sich im Vergleich zu Folienteichen relativ einfach einbauen, da man nichts falten oder kleben muss. Auch für einen Garten in Hanglage sind sie sehr praktisch, da die Teichform ausreichend stabile Seitenwände besitzt, die man später mit Erde oder einer Stützmauer tarnen kann.

Bei den meisten Fertigteichen sind an den Rändern Stufen aus-geformt, sodass Sie Pflanzkörbe mit Wasserpflanzen ins flachere Wasser stellen können. Wenn die Körbe auf den Stufen eng beieinander stehen, wachsen die Pflanzen ineinander und lassen den Teich schon nach kurzer Zeit natürlich aussehen.

Grundsätzlich eignen sich Fertigteiche nicht so gut als Naturteiche. Vor allem Becken mit unregelmäßigen, schmalen Umrissen und starker Abstufung der Wände setzen das Gesamtvolumen des Teiches herab und fördern das Algenwachstum. Achten Sie daher unbedingt darauf, dass ein Fertigteich mindestens 45 cm tief ist. In flacheren Becken ändert sich die Wassertemperatur sehr schnell, in Län-

Links: Für geometrische Formen wie Kreise, Quadrate oder Rechtecke eignen sich Fertigteiche besser als Folienteiche, da man sie nicht umständlich falten muss. Der Beckenrand lässt sich unter Pflastersteinen verbergen.

dern mit heißen Sommern und kalten Wintern sind sie deshalb für die Fischhaltung ungeeignet.

Fertigteiche sind in gefülltem Zustand sehr schwer und müssen erheblichem Wasserdruck standhalten, wenn sie nicht genau in ihr Erdloch eingepasst sind. Bei billigeren Teichen kann dies Haarrisse verursachen, die man später nur schwer findet. Beachten Sie auch, dass Fertigteiche im Gartencenter viel größer wirken, als wenn sie in den Boden eingelassen sind. Damit sie sich leicht handhaben und transportieren lassen, sind manchmal allerdings Abstriche bei der Größe nötig.

Aushub

1 Markieren Sie den Standort für einen symmetrischen Fertigteich, indem Sie den Teich umgekehrt auf den vorgesehenen Platz legen und seine Umrisse mit Sand nachzeichnen.

2 Ein Becken stellen Sie dagegen richtig herum auf den vorgesehenen Platz und stützen es mit Ziegelsteinen oder Mauerblöcken ab, damit es nicht umkippt. Stecken Sie dann Stöcke in Abständen von etwa 1 m vom Teichrand aus senkrecht in den Boden darunter. Spannen Sie eine Schnur um die Stöcke, um den Umriss festzulegen und markieren Sie ihn dann endgültig mit Sand.

3 Messen Sie ab, wie tief der Teich vom oberen Rand bis zum Boden der Pflanzstufe ist. Beginnen Sie dann 5 bis 10 cm außerhalb der Teichumrisse zu graben und heben Sie den Boden bis zur ermittelten Tiefe aus.

4 Glätten Sie die ausgehobene Fläche vorsichtig mit einem Rechen. Setzen Sie dann den Fertigteich in das Loch und drücken Sie ihn fest in die geglättete Fläche hinein, sodass der Teichboden einen deutlichen Abdruck hinterlässt. Heben Sie das Becken wieder heraus und beginnen Sie dann etwa 5 bis 10 cm außerhalb der vom Teichboden markierten Fläche zu graben.

5 Wenn Sie die Tiefe des Fertigteiches plus zusätzliche 5 bis 10 cm für eine weiche Sandschicht erreicht haben, legen Sie eine Richtlatte quer über das Loch und überprüfen Sie mit einem Maßband, ob es wirklich tief genug ist. Kontrollieren Sie mit der Wasserwaage, ob der Teichboden auch eben ist.

6 Entfernen Sie mit dem Rechen Wurzeln und spitze Steine vom Teichboden und den Seiten und stampfen Sie den Boden gleichmäßig fest, bevor Sie die Sandschicht daraufgeben.

Einbau

1 Lassen Sie sich beim Herablassen des Beckens in die Mulde helfen. Überprüfen Sie, ob es gerade sitzt, indem Sie die Richtlatte über die Teichränder legen und die Wasserwaage verwenden.

2 Füllen Sie den Teich bis zu einer Tiefe von 10 cm vorsichtig mit Wasser und füllen Sie dann den Raum zwischen dem

Bau eines Fertigteiches

Sie brauchen

- *Sand, Bambusstöcke und Schnur zum Markieren*
- *Fertigteich*
- *Ziegelsteine oder Mauerblöcke zum vorübergehenden Abstützen eines asymmetrischen Teichs*
- *Maßband*
- *Spaten*
- *Schubkarren*
- *Rechen*
- *feinkörnigen Sand oder gesiebte Erde*
- *Holzlatte als Richtlatte, lang genug, um sie quer über den Teich zu legen*
- *Wasserwaage*
- *flaches Holzstück, etwa 5 x 5 x 60 cm, zum Verfüllen*
- *passende Randeinfassung (siehe Seite 55–59)*

Beckenrand und dem Aushubprofil ebenfalls 10 cm hoch mit Sand oder gesiebter Erde auf. Stoßen Sie dabei das Füllmaterial mit dem flachkantigen Holzbrett hinunter. Diesen Vorgang nennt man Verfüllen.

3 Fahren Sie fort, indem Sie noch einmal 10 cm Wasser in den Teich einlassen, dann wieder 10 cm Sand oder gesiebte Erde an den Rändern zugeben usw. Achten Sie darauf, dass sich in der Füllerde keine Luftlöcher bilden und dass das Becken stets in Waage bleibt, bis der Teich fast voll ist und durch das Gewicht des Wassers stabilisiert wird. Danach können Sie die Ränder einfassen.

FOLIENTEICHE

Folienteiche bieten den größten Spielraum hinsichtlich Form und Stil eines Teiches. Man kann sie entweder ganz allein benutzen, um Naturteiche auf schwerem Boden anzulegen, oder zusammen mit Beton- oder Mauerblöcken, um die Seiten eines Erdloches für einen formalen Teich abzusichern.

Teichfolien sind in verschiedenen Materialien, Farben und Stärken erhältlich. Es gibt sie als Rollen mit unterschiedlicher Breite oder bereits zu einer bestimmten Größe für größere Teiche zusammengeschweißt. Für welches Material Sie sich entscheiden, hängt von den erhältlichen Stoffen und dem Stil Ihres Teiches

ab. Am teuersten ist Butyl (synthetischer Kautschuk), am billigsten Polyäthylen, dazwischen gibt es eine ganze Reihe hervorragender Materialien, die auch zu den meisten Anlagen passen. Es ist allerdings nicht ratsam, sich für einen kleineren Teich zu entscheiden, nur um sich die teuerste Folie leisten zu können. Wenn die Folie mit Erde oder anderen Materialien wie z.B. Kieselsteinen bedeckt werden soll, reicht eine billige Folie vollkommen, da sie schädlichen UV-Strahlen nicht ausgesetzt wird.

Falls es die Folie in verschiedenen Farben gibt, sollten Sie eine schwarze nehmen – das sieht natürlicher aus und lässt den Teich tiefer wirken.

Folienarten

Polyäthylen-Folien

- die älteste Teichfolie, erfunden in den 30er Jahren
- in verschiedenen Stärken (nur die stärksten eignen sich für Teiche) und Rollenbreiten erhältlich
- billig

Nachteile:
- wird durch UV-Strahlen geschädigt, wird dann hart oder springt; geringste Haltbarkeit aller Folien
- unhandlich
- nicht sehr reißfest
- Einzelteile können nicht zusammengefügt werden
- irreparabel
- Haltbarkeit von 3 bis 5 Jahren
- normalerweise keine Garantie

PVC

- in den 60er Jahren aus einer neuen Generation von Polymeren entwickelt
- in verschiedenen Stärken und Dichten erhältlich
- einige Arten sind laminiert und durch Nylonnetze verstärkt
- Einzelteile können zusammengefügt werden
- reparierbar
- länger haltbar als normales Polyäthylen, Mindesthaltbarkeit 15 bis 20 Jahre
- Garantie auf die meisten Stärken
- unterschiedlich teuer

Nachteile:
- strapazierfähige Arten sind nicht sehr weich oder biegsam

Polyäthylen mit geringer Dichte

- eine neu entwickelte und verbesserte Form von Polyäthylen, immer häufiger erhältlich
- biegsamer als Standard-Polyäthylen
- ziemlich reißfest
- reparierbar
- wird nur langsam durch UV-Strahlen geschädigt und hält daher 15 bis 30 Jahre, je nach der Stärke der Oberfächenbeschichtung bei der Herstellung
- 15 bis 30 Jahre Garantie
- billiger als andere Folien

Nachteile:
- Einzelteile können nicht zusammengefügt werden

Synthetischer Kautschuk

- etwa zur gleichen Zeit wie PVC entwickelt, immer noch die von Profi-Teichbauern am häufigsten verwendete Folienart
- in verschiedenen Stärken erhältlich
- einzigartig durch ihre Elastizität, sie wird dadurch stärker als andere Folien und passt sich leichter in komplizierte Formen ein
- kann durch Schweißen leicht vergrößert werden, wenn nötig auch direkt vor Ort
- leicht reparierbar; da Butyl ein Gummiprodukt ist, sogar mit Fahrradflickzeug
- UV-beständig
- lange Haltbarkeit – mindestens 50 Jahre
- meist mit einer Garantiezeit von mindestens 20 Jahren

Nachteile:
- teuer

Die Unterlage

Schutzunterlagen für Teiche sind heute überall auf Rollen erhältlich, und zwar als nicht gewebte Geotextilien. Sie können nicht einmal von den spitzesten Steine durchbohrt werden und haben heute Sand oder Zeitungen ersetzt. Sand hält nämlich an den Wänden des Lochs nicht und Zeitungen verrotten unter der Folie und wenn der Teich auf den Boden darunter drückt, bohren sich spitze Objekte durch die Folie.

Bau eines Folienteiches

Mit einer Folie können Sie viele verschiedene
Teichformen gestalten.

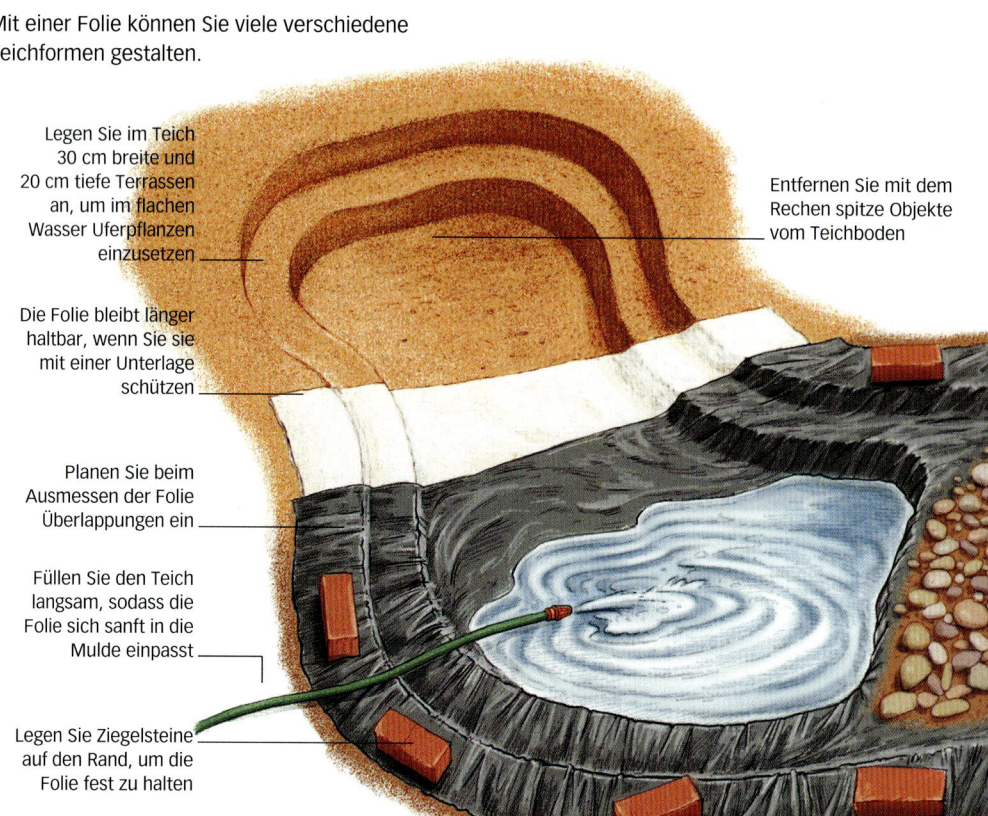

Legen Sie im Teich
30 cm breite und
20 cm tiefe Terrassen
an, um im flachen
Wasser Uferpflanzen
einzusetzen

Entfernen Sie mit dem
Rechen spitze Objekte
vom Teichboden

Die Folie bleibt länger
haltbar, wenn Sie sie
mit einer Unterlage
schützen

Planen Sie beim
Ausmessen der Folie
Überlappungen ein

Füllen Sie den Teich
langsam, sodass die
Folie sich sanft in die
Mulde einpasst

Legen Sie Ziegelsteine
auf den Rand, um die
Folie fest zu halten

Die Anwendung von Folien

Folien bieten beim Formen eines
Wassergartens die größtmögliche
Flexibilität. Sie sind heutzutage
so leicht erhältlich, dass man
ruhig erst alle nötigen Erdarbeiten
erledigen kann, bevor man eine
Folie kauft. So können Sie nämlich Form und Tiefe des Teiches
auch in letzter Minute noch
ändern. Wenn Sie die Erde fertig
ausgehoben haben, betrachten

Sie den Aushub aus möglichst
vielen Richtungen, denn so erkennen Sie, ob Sie doch noch
etwas verbessern können.

Mit einer rechteckigen Folie
kann man unterschiedliche
Teichumrisse schaffen, darunter
sanduhrförmige Formen, sodass
Sie an der Engstelle eine Brücke
errichten können. Bei sehr engen
Abschnitten wird oft viel Folie
verschwendet, allerdings kann
ein Fachhändler kleinere Stücke
zusammenschweißen oder Sie

können sie mit wasserfestem
Klebeband direkt vor Ort zusam-
menkleben. Größere Falten
in den Ecken rechteckiger Teiche
oder scharfe Kurven in natürlichen Formen lassen sich leider
kaum vermeiden, doch fallen sie
weniger auf, wenn Sie die Folie
sorgfältig falten, bevor Sie den
Teich füllen. Algen und Unterwasserpflanzen lassen im Lauf
der Zeit die Falten der Folie noch
weiter verschwinden.

Wenn Sie die Folie am Teichrand großzügig überstehen lassen, können Sie zusätzliche Elemente wie einen Sumpfgarten
anlegen. Bei einem nierenförmigen Teich schaffen Sie z.B. aus
dem Eckstück eines rechteckigen
Folienstückes ein kleines Sumpfgebiet. Schneiden Sie die überflüssige Folie nicht ab, sondern
geben Sie Erde darauf. Damit
diese nicht ins Teichwasser

Tipp

*Folien eignen sich hervorragend zur Abdichtung
von alten Betonteichen. Diese Teiche sind
nämlich bekannt dafür, dass sie jedes Jahr frische
Haarrisse entwickeln – selbst wenn sie regelmäßig gepflegt werden.*

Ein Kiesstrand ist ein attraktiver Teichrand

rutscht, grenzen Sie das Sumpfbeet mit einer kleinen Mauer aus Steinen, die Sie unter der Folie bauen, vom Teich ab.

Ermittlung der Foliengröße

Messen Sie ein Rechteck ab, das den Umriss des Teiches einschließt. Messen Sie die maximale Länge und Breite des Teiches und addieren Sie zu jedem Wert die zweifache Tiefe des Teiches. Dies ist das absolute Mindestmaß der Folie, also addieren Sie noch einmal 30 cm zu jedem Wert für kleine Überlappungen. Wenn Ihr Teich eine Einfassung hat, so addieren Sie etwas mehr als die Breite der Pflaster- oder Ziegelsteine der Einfassung, sodass die Folie unter und hinter den Rand der Einfassung hinausstehen kann.

Aushub

1 Markieren Sie die Umrisse des Teiches mit einem Schlauch, einer Schnur oder Sand.

2 Liegt Ihr Teich auf dem Rasen, so entfernen Sie das Gras, indem Sie es mit dem Spaten in Quadraten von 30 cm Seitenlänge 2,5 cm tief ausheben und es dann in einem anderen Teil des Gartens mit der Unterseite nach oben aufstapeln.

3 Schlagen Sie 15 cm außerhalb des Teiches die Holzpflöcke in Abständen von 2 m in den Boden. Die Pflöcke müssen so nah beieinander stehen, dass man die Richtlatte jeweils über zwei Pflöcke legen kann.

4 Markieren Sie einen Pflock in Bodenhöhe, genau in der Höhe, auf welcher der Teich liegen soll. Diesen Punkt nennt man Bezugspunkt. Markieren Sie die anderen Pflöcke in Bezug auf diesen Punkt, sodass Sie Höhenabweichungen erkennen und beseitigen können, indem Sie Mutterboden zugeben oder entfernen.

5 Stimmen Sie mit der Wasserwaage und der Holzlatte die Höhe der Pflöcke ab, sodass alle gleich hoch sind.

6 Beginnen Sie 15 cm innerhalb der Pflöcke zu graben, bis zu einer Tiefe von 25 cm und schrägen Sie die Seiten leicht nach innen ab. Dies vermindert das Risiko, dass der Teich im Winter durch Eis beschädigt wird oder dass die Wände nachgeben. Lagern Sie die Erde in der Nähe auf einer Plastikfolie, wenn Sie sie später noch brauchen.

7 Glätten Sie den Boden der Teichmulde mit dem Rechen,

Bau eines Folienteiches

Sie brauchen

- *Schlauch, Schnur oder Sand zur Markierung*
- *Spaten*
- *Schubkarren*
- *Holzpflöcke, etwa 15 cm lang, mit einem Durchmesser von etwa 2,5 cm*
- *Hammer*
- *Wasserwaage*
- *Richtlatte, etwa 2 m lang*
- *große Plastikfolie*
- *Rechen*
- *Teichfolie*
- *Unterlage, spezielles Teichvlies*
- *Ziegelsteine oder andere schwere Steine*
- *passende Randeinfassung (siehe Seiten 55–59)*
- *große Schere*

markieren Sie dann die Pflanzterrassen mit Sand. Diese Terrassen sollten 30 cm breit sein und sich an den Stellen befinden, wo Sie Flachwasserpflanzen einsetzen wollen.

8 Heben Sie den inneren oder tieferen Bereich bis zur gewünschten Tiefe aus, also noch 25 cm, wenn der Teich 50 cm tief sein soll, oder noch 35 cm, wenn er 60 cm tief sein soll.

9 Glätten Sie den Teichboden mit dem Rechen.

10 Entfernen Sie mit dem Rechen vorsichtig spitze oder scharfkantige Objekte vom Boden und den Seiten.

Links: Steine und Wasser sind von Natur aus Freunde. Hier bilden sich kleine Flüsschen. ***Rechts oben:*** Heben Sie den Teich bis zur nötigen Tiefe aus. ***Rechts unten:*** Errichten Sie ein kleines Betonfundament auf der Pflanzterrasse. Legen Sie den Teich mit der Folie aus. ***Ganz rechts oben:*** Legen Sie Mauersteine auf die Folie und befestigen Sie sie mit Mörtel. ***Ganz rechts unten:*** Rollen Sie das Gras zurück auf die Mauersteine.

Einbau einer Teichfolie

1 Wenn Sie eine kleine Folie verwenden, breiten Sie diese auf dem Rasen neben dem Loch aus, sodass sie sich in der Sonne erwärmt. So beseitigen Sie auch eventuelle Falten und die Folie wird biegsamer.

2 Legen Sie die Vliesunterlage über die Teichmulde und die Pflanzstufen, sodass Sie an allen Rändern noch etwa 30 cm über den Teich hinausragt.

3 Wenn Sie eine große Folie verwenden, die gefaltet bleibt, so entnehmen Sie der Gebrauchsanweisung, wie man sie auslegt. Meist müssen Sie die gefaltete Folie in die Mitte oder an ein Ende der Teichmulde legen und dann entrollen, bis sie locker über der Erdaushebung liegt. Wenn die Folie klein genug ist und Sie jemanden haben, der Ihnen hilft, dann halten Sie sie an den Ecken fest und lassen sie langsam in den Teich hinabsinken. Achten Sie aber darauf, dass Sie dabei die Unterlage nicht verschieben.

4 Falten lassen sich nicht vermeiden, wenn Sie die Folie in ein Loch mit unregelmäßiger Form legen. Besser sind hier ein paar große Falten als viele kleine.

5 Legen Sie Ziegelsteine oder andere schwere Steine auf den Rand, um die Folie fest zu halten und zu verhindern, dass der Wind die Erde von den Rändern in den Teich weht.

6 Bevor Sie Wasser einlassen, sollten Sie überprüfen, ob um den ganzen Teich herum die Holzpflöcke großzügig mit Folie bedeckt sind.

7 Füllen Sie den Teich bis knapp unter die Spitzen der Pflöcke mit Wasser, sodass Sie die Seitenhöhe noch endgültig angleichen können. Entfernen Sie dann die Ziegel oder Steine von den Folienrändern.

8 Bauen Sie die Teicheinfassung, bevor Sie den Teich bis zum endgültigen Wasserstand füllen. Schneiden Sie die überflüssige Folie erst dann ab, wenn Sie mit Wasser und Einfassung absolut zufrieden sind.

Varianten

In einem Naturgarten können Sie einen einfachen Folienteich mit einem Felsenufer verschönern und in den nassen Boden hinter den Steinen Uferpflanzen setzen. So können Sie auch die ausgehobene Erde wieder verwenden. Natürlicher sieht Ihr Teich aus, wenn Sie an einem Teil des Ufers ein Stück Rasen stehen lassen und nicht den ganzen Teich mit Steinen umgeben. Das Grasufer wird vermutlich stärker abgenutzt, da die Bewunderer von dort aus den Teich betrachten. Sie sollten es mit einer kleinen Mauer stützen, die zum Teil unter Wasser liegt. Dazu benötigen Sie Grundkenntnisse im Mauerbau.

Aushub

Führen Sie die Schritte 1 bis 10 der Anleitung auf Seite 29 durch, doch machen Sie die Pflanzstufe in Schritt 7 etwa 45 cm breit, damit dort ein Felsbrocken und Erde für Uferpflanzen Platz haben.

Einbau

1 Rollen Sie das Gras an einer Teichseite 30 cm zurück und lassen Sie es dort liegen.

2 Bauen Sie ein kleines Betonfundament von etwa 10 bis 15 cm Höhe und 15 cm Breite an dem Abschnitt der Pflanzterrasse, an dem Sie das Gras zurückgerollt haben. Dann können Sie die Teichmulde mit Folie auslegen.

3 Führen Sie die Schritte 1 bis 6 der Anleitung zum Einbau auf Seite 28 durch.

4 Wenn die Folie richtig liegt, legen Sie Mauersteine auf ein Mörtelbett über dem Betonfundament. Die Stützmauer sollte 2,5 cm unterhalb der Rasenkante enden.

5 Wenn der Mörtel hart geworden ist, verfüllen Sie eventuelle Lücken zwischen der Stützmauer und der Folie mit Erde. Dann rollen Sie das Gras wieder über die Mauer.

6 Legen Sie Felsbrocken auf die restliche Pflanzterrasse. Eine 5 bis 7 cm tiefe Unterlage aus hartem Mörtel stabilisiert diese zusätzlich.

7 Lassen Sie den Mörtel hart werden und füllen Sie dann Erde zwischen die Felsstücke und die Folie.

8 Setzen Sie Sauerstoff liefernde Unterwasserpflanzen und Seerosen in den Teich, bevor Sie ihn ganz füllen.

9 Füllen Sie den Teich bis zur gewünschten Höhe und setzen Sie Uferpflanzen in die Erde zwischen den Felsen und der Folie. Rollen Sie dann das übrige aufgerollte Gras zurück zum Teichufer.

Links: Die üppigen Pflanzen, die auf einem Sumpfboden gedeihen, sehen nicht nur schön aus, sie bieten auch vielen Tieren einen idealen Lebensraum und Schutz.

Rechts: Eine sorgfältige Auswahl der Pflanzen führt dazu, dass auch schattige Sumpfgebiete nicht nur grün aussehen.

Ganz rechts: Der kleine Rohrkolben (*Typha minima*) mit seinen schmalen Ähren passt sehr gut in kleine Sumpfgebiete.

EIN TEICH FÜR TIERE UND SUMPFPFLANZEN

Ein Teich, der einheimischen Tieren gerecht wird, braucht unbedingt einen angrenzenden Sumpfgarten. Ein Sumpfgarten bietet Schutz und Unterschlupf für viele Amphibien, die zwar außerhalb des Wasser überwintern, aber dennoch in der Nähe des Teiches bleiben.

Aushub und Einbau

1 Graben Sie nach den Schritten 1 bis 10 auf Seite 29 eine Mulde für Ihren Teich, doch legen Sie keine steilen Wände an, sondern geben Sie dem Teich ein tellerförmiges Profil mit flachen, sanft abfallenden Ufern. Bei Böden mit spitzen Steinen oder Kieseln legen Sie die Aushebung als zusätzlichen Schutz mit einer 5 cm dicken Sandschicht aus.

2 Markieren Sie die Gesamtfläche des Sumpfgartens neben der Aushebung für den Teich. Graben Sie in diesem Gebiet einige Löcher mit 0,8 bis 1,2 m Durchmesser und einer Tiefe von 30 bis 40 cm, in die Sie größere einheimische Uferpflanzen setzen können wie Seebinsen (*Schoenoplectus lacustris* ssp. *tabernaemontani* 'Zebrinus'), Kalmus (*Acorus calamus*) und Sumpfiris (*Iris pseudacorus*). Dazwischen legen Sie kleinere Vertiefungen an, die einen Durchmesser von etwa 60 cm haben und 15 bis 25 cm tief sind. Dort hinein setzten Sie kleinere Uferpflanzen wie Sumpfdotterblume (*Caltha palustris*) und Sumpfvergissmeinnicht (*Myosotis palustris*). Überprüfen Sie mit Richtlatte und Wasserwaage, dass die Ränder der Vertiefungen nicht höher liegen als die des Teiches, damit das Wasser vom Hauptteich in die Vertiefungen fließen kann.

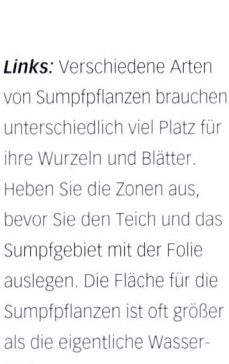

Links: Verschiedene Arten von Sumpfpflanzen brauchen unterschiedlich viel Platz für ihre Wurzeln und Blätter. Heben Sie die Zonen aus, bevor Sie den Teich und das Sumpfgebiet mit der Folie auslegen. Die Fläche für die Sumpfpflanzen ist oft größer als die eigentliche Wasserfläche.

3 Legen Sie den Teich und den Sumpfgarten erst mit der Vliesunterlage, dann mit der Folie aus.

4 Füllen Sie alle Vertiefungen im Sumpfgarten mit Erde. Die Umrisse der Vertiefungen werden sichtbar, wenn sich die Erde setzt oder gegossen wird. Bedecken Sie den Teichgrund etwa 10 bis 15 cm hoch mit Erde.

5 Glätten Sie die Fläche des Sumpfgartens mit der Rückseite eines Rechens.

6 Legen Sie Kieselsteine an das dem Sumpfgarten gegenüberliegende Teichufer. Beginnen Sie dabei knapp unter der Wasseroberfläche und hören Sie knapp darüber wieder auf, sodass ein Strand entsteht (siehe Seiten 58–59). Da das Ufer flach ist, können die Kieselsteine nicht ins Wasser rollen. Wenn das Ufer zu steil abfällt und die Steine abrutschen, befestigen Sie sie mit einer Mörtelschicht an der Folie. Füllen Sie dann Wasser in den Teich.

7 Setzen Sie verschiedene Uferpflanzen in die aufgefüllten Vertiefungen im Sumpfgarten. Um dorthin zu gelangen, legen Sie ein Brett über die nasse Erde.

GEMAUERTE UND ERHÖHTE TEICHE

Gemauerte, erhöhte Teiche und halb erhöhte Teiche bilden einen hervorragenden Blickfang in Ziergärten oder Hinterhöfen. Springbrunnen kommen hier besonders schön zur Geltung. Sie lassen sich leichter leeren als Teiche im Boden. Blätter und anderer Pflanzenabfall, den der Wind ins Wasser weht, können sich nicht so leicht sammeln. Außerdem muss man kaum Erde ausheben, für Gärten in Hanglagen sind sie geradezu ideal. Damit ihre Außenmauern dem Wasserdruck standhalten können, brauchen gemauerte Folienteiche eine solide Einfassung, wie z.B. eine doppelte Mauer, sodass sie teurer sind als Bodenteiche. Wer sie mit Ziegeln oder Natursteinen errichtet, sollte zudem einige Kenntnisse im Mauerbau haben.

Erhöhte Wasserbecken mit Holzpalisaden

Einen einfachen erhöhten Teich können Sie errichten, indem Sie einen stabilen Fertigteich teilweise in den Boden eingraben und ihn mit einem Rollbord, das ist eine Beeteinfassung aus Palisaden oder Rundhölzern, einfassen. Ein Rollbord besteht aus maschinell gerundeten, halbierten Rundhölzern mit etwa 8 cm Durchmesser, die mit verzinktem Draht so aneinander befestigt sind, dass sie wie ein Zaun aussehen. Ein Rollbord ist so biegsam, dass es sich den Umrissen eines Naturteiches anpasst. Die Palisaden sind in grüner oder brauner Imprägnierung erhältlich. Eine Rolle ist 1 m lang mit verschiedenen Höhen. Welche Höhe Sie brauchen, hängt davon ab, wie tief Sie den Fertigteich in den Boden einlassen und wie viel von ihm dann noch zu sehen ist.

Auch wenn Sie nur den tieferen Bereich des Fertigteiches versenken und die Pflanzterrassen über dem Erdboden liegen, ist der Teich im Winter einigermaßen vor Frost geschützt und im Sommer bleibt das Wasser kühl. Wie lang das Rollbord aus den Holzpalisaden sein muss, bestimmen Sie, indem Sie die Umrisse des Fertigteichs großzügig abmessen.

Einbau

1 Säubern Sie den Boden am vorgesehenen Standort und glätten Sie ihn mit dem Rechen. Stellen Sie dann den Fertigteich darauf und drücken Sie ihn nach unten, sodass sein Boden einen Abdruck hinterlässt.

2 Stellen Sie den Fertigteich zur Seite und beginnen Sie 5 cm außerhalb des Abdrucks nach unten zu graben, bis die Mulde 5 cm tiefer als der Teich ist. Glätten Sie dann den Boden mit dem Rechen und füllen Sie eine 5 cm dicke Schicht feinkörnigen Sandes ein.

3 Setzen Sie den Fertigteich in die Mulde und überprüfen Sie mit

Querschnitt eines erhöhten Teiches

Setzen Sie Gebirgspflanzen und andere Gewächse in die Lücke zwischen den Palisaden und dem Fertigteich

angespitzter Holzpflock

Fertigteich

Mutterboden

eingebaute Pflanzzone

feinkörniger Sand unter der tiefen Zone

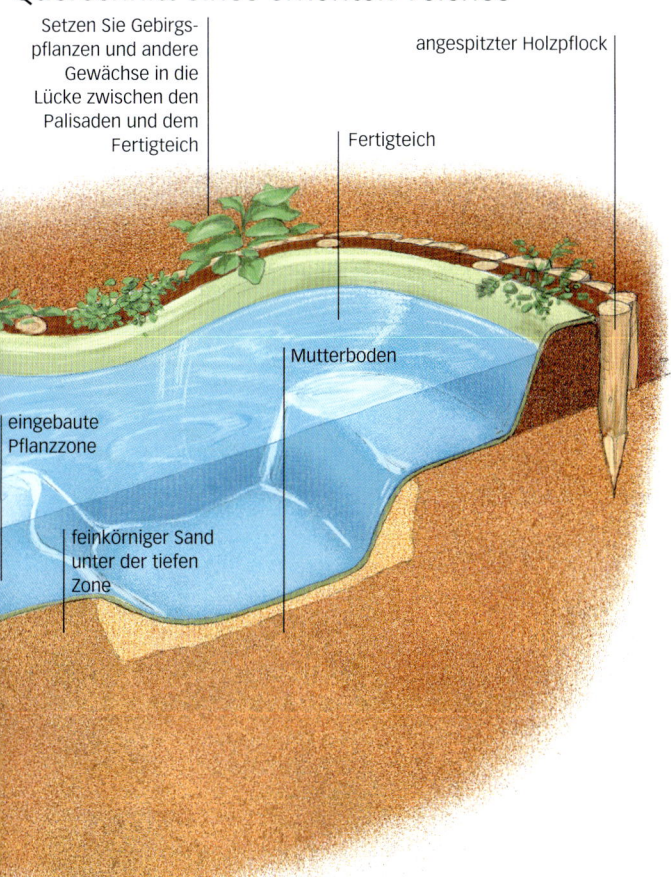

Bau eines erhöhten Teichs

Sie brauchen

- Fertigteich
- Spaten
- Rechen
- feinkörniger Sand
- Richtlatte
- Wasserwaage
- kesseldruckimprägnierte, angespitzte Holzpflöcke (45 x 4 cm)
- Hammer
- Rollbord aus halbierten Palisaden 20 cm hoch, für die Einfassung des Teichs
- Drahtschere
- verzinkte Nägel
- gesiebter Mutterboden
- flachkantiges Holzbrett 5 x 5 x 60 cm zum Verfüllen
- Gebirgspflanzen und andere Gewächse für den Teichrand
- Ufer- und Unterwasserpflanzen in Pflanzkörben
- Kiesel

Richtlatte und Wasserwaage, ob er gerade steht. Falls nötig, müssen Sie den Teich wieder herausheben und den Sand anders verteilen. Verfüllen Sie die Ritzen zwischen Boden und Teichseiten mit Sand.

4 Füllen Sie den Teich bis zu einer Tiefe von 7 bis 10 cm mit Wasser, damit er nicht kippt. Schlagen Sie dann die Holzpflöcke in Abständen von 1 m rund um den Teich herum in den Boden. Die Pflöcke sollten genauso hoch wie der Fertigteich sein.

5 Legen Sie das Rollbord außen um die Pflöcke herum. Wenn sie etwas höher als der Fertigteich

sind, heben Sie einen schmalen Graben aus, in dem Sie den unteren Teil der Palisaden versenken. Zwischen der Oberkante des Fertigteiches und den Palisaden sollte eine kleine Lücke bleiben.

6 Achten Sie darauf, dass der Fertigteich stets gerade und stabil steht.

7 Schneiden Sie die Palisadenrolle auf die Länge des Teichumfangs zurecht und befestigen Sie sie mit den verzinkten Nägeln oben und unten an den Stützpflöcken.

8 Verfüllen Sie die Lücke zwischen dem Rollbord und der Teichform mit gesiebtem Mutter-

boden und drücken Sie ihn mit einem flachkantigen Holzbrett fest. Geben Sie genug Mutterboden zu, sodass eine ebene Pflanzrinne entsteht.

9 Setzen Sie Gebirgspflanzen und andere passende Gewächse in den engen Zwischenraum zwischen Rollbord und Fertigteich. Gießen Sie die Pflanzen und schöpfen Sie danach das schlammige Wasser aus dem Teich ab. Füllen Sie den Teich ganz auf und bepflanzen Sie ihn mit Ufer- und Unterwasserpflanzen in Pflanzkörben. Bedecken Sie den schmalen Erdstreifen am Ufer mit Kieseln, damit sich die Feuchtigkeit hält und der Teich fertig aussieht.

Rechts: Sumpfdotter-blumen (*Caltha palustris*) eignen sich gut für die Ufer von Tonteichen, da sie so flach wurzeln, dass sie die Tonschicht nicht durch-dringen.

TEICHE AUS TON

Himmelsteiche, wie es sie in ländlichen Gegenden Norddeutschlands gab, waren mit Ton abgedichtet und nachts sammelte sich der Tau in ihnen. Man benötigte lediglich Ton, einen Unterbau aus Stroh und fleißige Hände, um einen solchen Teich anzulegen. Im Laufe der Jahre siedelten sich an den Ufern Pflanzen an, Bäume wuchsen in der Nähe und Kühe trampelten den Boden fest, wenn sie zum Trinken an das Wasser kamen. Die Folge: Die Teiche schrumpften auf einen Bruchteil ihrer ursprünglichen Größe.

Schwere Lehm- oder Tonböden sind leicht zu erkennen. Sie speichern viel Wasser, lassen sich nur schwer umgraben und werden im Sommer spröde. Ihr Grundwasserspiegel liegt meist sehr hoch (siehe Seite 20). Sie können auf Tonböden durchaus Naturteiche anlegen – vorausgesetzt, Sie lernen etwas von den Dorfteichen.

Der Bau eines Tonteiches lohnt sich nur, wenn entweder schwerer, lehmiger Ton vorhanden ist oder Sie ihn vor Ort billig erwerben können. Müssen Sie ihn erst von weither holen, gibt es kaum einen vernünftigen Grund für einen solchen Gartenteich. Ton ist nur selten völlig wasserdicht, und die Wassermenge im See sollte möglichst groß sein, da stets etwas Wasser von den Wänden aufgesogen wird.

Der Tongehalt des Bodens

Ton gibt es in verschiedenen Farben, Zusammensetzungen und Tiefen. Nur wenige Gartenböden bestehen ausschließlich aus Ton und wenn Sie einen Tonteich anlegen wollen, müssen Sie erst nachprüfen, ob Ihr Boden auch genug davon enthält. Rollen Sie dazu einfach ein Stück Erde zwischen Ihren Händen. Wenn es zerbröckelt, eignet es sich nicht;

in feuchtem Zustand sollte es klebrig bleiben und die Hände beim Rollen schmutzig machen. Formen Sie die Erde zu einer Kugel und lassen Sie sie trocknen, dann sehen Sie, ob sie brüchig wird. Genauer ist der folgende Test: Geben Sie ein gesiebtes Stück Erde mit einem Teelöffel Salz in ein Glas Wasser. Schütteln Sie es kräftig durch und lassen Sie es ein oder zwei Tage stehen. Dann setzt es sich in Schichten ab: ganz unten Sand, dann Schluff und oben schließlich Ton. Die Tonschicht sollte mindestens zwei Drittel der Probe ausmachen.

Andere Tonquellen

Wenn in Ihrer Umgebung Ton für die Ziegelherstellung abgebaut wird, können Sie vielleicht ungebrannte Ziegelsteine oder lose Tonreste billig erwerben. Berechnen Sie die Fläche des Teichgrunds und der Seiten und bitten Sie dann den Händler abzuschätzen, wie viel Ton Sie brauchen. Ihre Tonschicht muss mindestens 15 bis 25 cm dick sein.

Wenn Sie ernsthaft in Erwägung ziehen, Ton extra zu kaufen, so bringt Bentonit ein besseres Ergebnis und ist auch leichter anzubringen. Bentonit ist ein patentiertes Produkt, das auf ein 10- bis 15-faches seiner Größe anschwillt, wenn es nass wird. Es wird entweder lose in Säcken zu

Tipp

- *Vermeiden Sie Standorte in der Nähe großer Bäume wie Pappeln oder Weiden, denn ihre Wurzeln dehnen sich viel weiter als ihre Kronen aus.*
- *Auf kalkhaltigen Böden sollten Sie keine Tonschicht legen, da die chemische Aktivität des Kalks den Ton durchlässiger machen kann.*

50 kg verkauft oder zu einem 3,5 m breiten Geovlies gepresst. Es gibt auch extra für den Teichbau fertige Tonelemente zu kaufen. Sie sind stufenförmig ausgebildet und werden ineinander verzahnt ausgelegt.

Bau eines Tonteiches

1 Graben Sie die Teichmulde wie für einen Folienteich mit Pflanzstufen und einem tiefen Bereich (siehe Seite 27). Gestalten Sie die Stufen flach – nur 15 cm unter der Wasserlinie – und runden Sie sie gut ab, sodass sie leicht abfallen. Da die Tonschicht mindestens 15 bis 25 cm dick sein muss und darauf noch eine 30 cm dicke Erdschicht kommt, müssen Sie entsprechend mehr Erde ausheben als für einen einfachen Folienteich.

2 Legen Sie die Mulde mit einer billigen Plastikfolie aus, um Nagetiere, Maulwürfe und Würmer abzuhalten.

3 Legen Sie die Tonstücke oder die ungebrannten Ziegelsteine gleichmäßig in das Loch und verfestigen Sie sie mit einem schweren Stampfer wie er z. B. für Straßenarbeiten benutzt wird (eine dicke Stange mit einer schweren Metallplatte am unteren Ende). Halten Sie den Ton während der Arbeit ständig feucht.

4 Wenn diese Deckschicht fertig ist, legen Sie eine Schicht aus Tonschlamm (aus nassem Ton oder ungebrannten Ziegeln) darauf und glätten Sie sie sorgfältig mit der Rückseite eines Spatens, sodass eine glänzende ebene Fläche entsteht.

5 Bedecken Sie diese so schnell wie möglich mit 30 cm nährstoffarmer Erde und füllen Sie dann Wasser ein.

Verwendung eines Bentonit-Vlieses

1 Rollen Sie das Bentonit-Vlies bis zu den Teichrändern über die Teichmulde. Wenn Sie mehrere Rollen verwenden, sollten sich diese 15 cm überlappen. Verstreuen Sie zusätzlich loses Bentonit über der Fuge, damit die Vliese besser zusammenhalten.

2 Bedecken Sie das Vlies mit 30 cm Mutterboden.

3 Damit diese Erde nicht gleich wieder weggeschwemmt wird, füllen Sie langsam und vorsichtig Wasser ein, indem Sie das Schlauchende auf eine Fliese oder einen Pflasterstein legen. Erst nach einigen Wochen werden sich die feinen Partikel aus Dreck, Schlamm und Lehm endlich am Boden abgesetzt haben, sodass das Wasser klar wird. Es ist wichtig, dass der Ton nicht über die Wasserlinie hinausragt, da er dann austrocknet, springt und in den Teich fällt.

Die Bepflanzung von Tonteichen

In Tonteiche können die Wurzeln von kräftigen Uferpflanzen, wie z.B. Schilf (*Phragmites* sp.), Igelkolben (*Sparganium erectum*) und Rohrkolben (*Typha latifolia*) besonders gut eindringen. Entscheiden Sie sich daher lieber für weniger kräftige Uferpflanzen wie Sumpfdotterblumen (*Caltha palustris*), Bachbunge (*Veronica beccabunga*) und Sumpfvergissmeinnicht (*Myosotis palustris*).

3 FLIESSENDES WASSER

Haben Sie erst einmal einen Teich oder ein Wasserbecken in Ihrem Garten errichtet, werden Sie bald die gesamte Bandbreite an Bewegungen und Tönen des Wassers ausnutzen wollen. Fließendes Wasser und seine Geräusche können Charakter und Atmosphäre eines Gartens erheblich beeinflussen, deshalb müssen sie auf die Umgebung abgestimmt sein. Ein funkelnder Springbrunnen mit seiner auffälligen, aber dennoch kontrollierten Bewegung und seinem lebhaften Geräusch passt am besten zu den klaren Umrissen und der Gelassenheit eines geometrisch geformten Teiches. Ein Bach dagegen, der sich mit sanftem Plätschern durch Findlinge und Felsen schlängelt, belebt einen Naturteich auf raffinierte Weise.

VORAUSSETZUNGEN

Bewegtes Wasser in all seinen Varianten wird umso besser zur Geltung kommen, je mehr Zeit Sie sich im Vorfeld nehmen, um die verschiedenen Arten von Springbrunnen und natürlichen Wasserläufen zu beobachten. Studieren Sie ihre Wirkung und finden Sie heraus, unter welchen Bedingungen sie jeweils am besten funktionieren.

Der Bau solcher Elemente kann ein sehr kreativer Prozess sein. So müssen Sie z.B. den Winkel und die Richtung des Lichteinfalls auf die Tropfengröße und die Höhe eines Springbrunnens abstimmen oder einen Bach so in den Garten einpassen, dass er mit seiner natürlichen Umgebung harmoniert.

Wenn durch Ihren Garten kein natürlicher Bach fließt, muss jede Art Bewegung von einer elektrischen Pumpe erzeugt werden, die einen Wasserkreislauf schafft. Nicht alle Pumpen sind gleich gut. Schauen Sie auf der Verpackung nach, welchen Stromverbrauch (Wattleistung) die Pumpe hat, denn zwei Pumpen mit derselben Pumpkraft können völlig unterschiedliche Wattleistungen haben.

Für fast jede mögliche Form von fließendem Wasser gibt es eine passende Pumpe zu kaufen. Eine Pumpe mit einem eingebauten Brunnenkopf anzubringen, schafft man auch ohne große Fachkenntnis in wenigen Minuten, aber wenn Sie einen Stromanschluss in der Nähe des Teiches brauchen, werden Sie einen Elektriker benötigen. Eine Pumpe mag nur der Anfang sein – der professionelle Rat eines Elektrikers wird garantiert unerlässlich sein, wenn es um die richtigen Kabel und Steckdosen für zusätzliche Elektrogeräte, wie z.B. Beleuchtung, Filter oder Heizung, geht.

Für fließendes Wasser braucht man nicht immer einen Anschluss an die Hauptwasserleitung oder einen Garten in Hanglage. Wenn ein Bach, Springbrunnen oder Wasserfall zudem gut durchdacht und gebaut ist, belastet er auch den Wasservorrat im Sommer nicht allzu sehr.

Bau eines Fertigbaches

An einem Abhang kann man mit Fertigteilen für Wasserlauf und Quelltopf einen einfachen Bach anlegen.

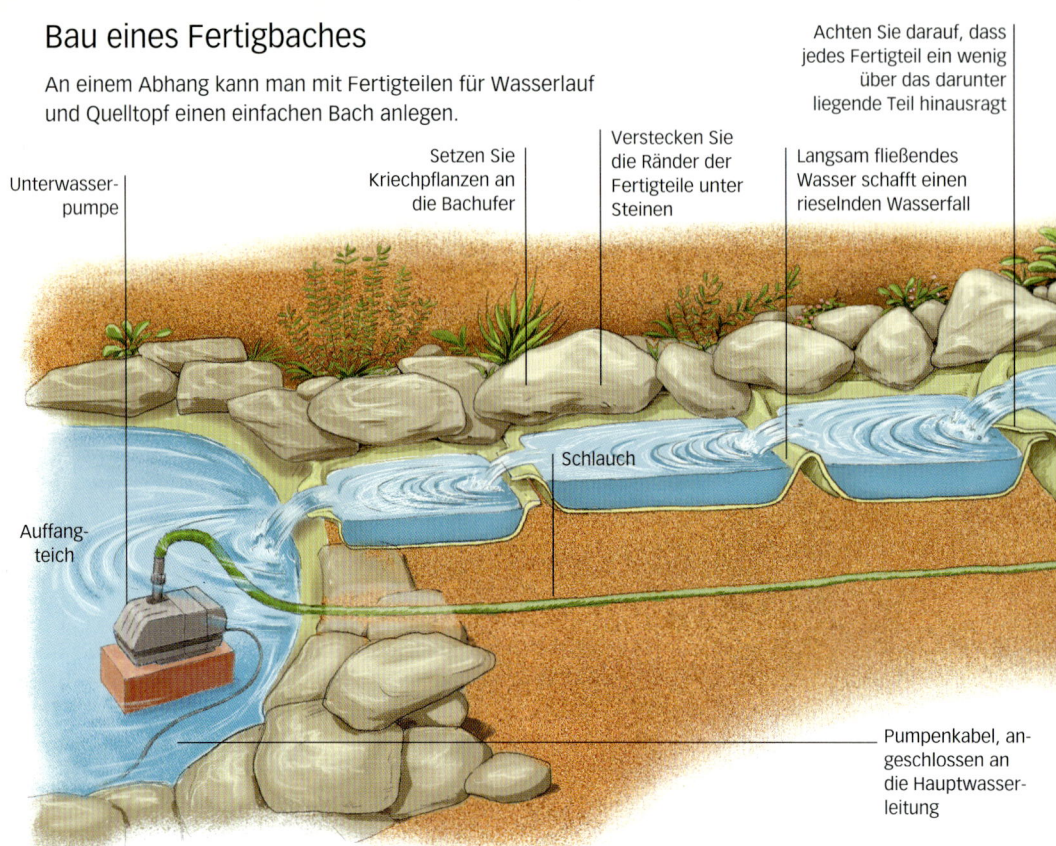

Achten Sie darauf, dass jedes Fertigteil ein wenig über das darunter liegende Teil hinausragt

Setzen Sie Kriechpflanzen an die Bachufer

Verstecken Sie die Ränder der Fertigteile unter Steinen

Langsam fließendes Wasser schafft einen rieselnden Wasserfall

Unterwasserpumpe

Auffangteich

Schlauch

Pumpenkabel, angeschlossen an die Hauptwasserleitung

FERTIGBÄCHE

Für kleine Bäche und Wasserfälle sind vorgefertigte Bäche und Quellteiche bestens geeignet. Für größere und gewagtere Wasserläufe aus Folien – z. B. mit Felsen, über die das Wasser rieselt – braucht man einige Fachkenntnisse, da die Wasserfälle mit Mörtel abgedichtet werden müssen.

Wie bei Fertigteichen liegt auch bei Fertigbächen der Nachteil darin, dass man den Bach nicht beliebig groß gestalten kann. Auch sind manche Farben nur schwer zu verbergen und sehen nicht sehr natürlich aus. Zum Ausgleich geht dafür der Einbau relativ einfach und schnell.

Die besten Fertigbäche sind diejenigen aus Glasfaser, denn sie sind stabil, haltbar und UV-beständig. Bäche und Felsenteiche gibt es auch aus PVC und anderen Kunststoffen. Diese sind zwar preisgünstiger, aber auch weniger haltbar und leichter zu beschädigen. Alle Fertigbäche sind in verschiedenen Ausführungen wie Rauputz, Felsendesign oder Kiesel erhältlich. Am besten passen sie zwischen größere Steine auf einen Abhang, denn so fügen sie sich leicht in die Gartenanlage ein. Wenn Sie mehrere Fertigelemente benutzen und sie zu einem längeren Bach zusammenfügen, sollten Sie hin und wieder die Richtung ändern, damit der Bach natürlich aussieht. Wasser fließt nur selten in einer geraden Linie einen Hang hinab.

Anders als bei natürlichen Bächen ist die Erde rund um den Fertigbach trocken und deshalb ungeeignet für Sumpfpflanzen. Es gibt jedoch einige kriechende Gebirgspflanzen, die in diesen trockenen Bedingungen wachsen und die künstlichen Ränder des Fertigbaches verdecken.

Ein fertiger, mit größeren Steinen gestalteter Fertigteich eignet sich hervorragend für den so genannten Quelltopf am Beginn des Wasserlaufes, der den natürlichen Ursprung eines kleinen Bachs darstellt. Dieser Felsenteich enthält, auch wenn die Pumpe nicht eingeschaltet ist, einen kleinen Wasservorrat und verhindert zudem, dass sofort eine große Menge Wasser in den Bach fließt, wenn man die Pumpe in Betrieb setzt.

Ein großer
Findling
verbirgt den
Schlauch

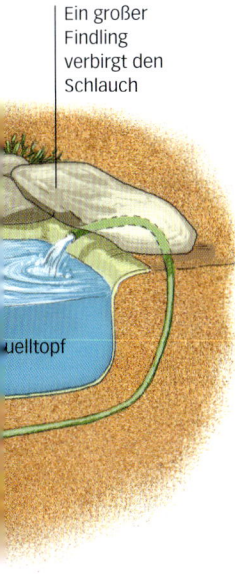

Quelltopf

Rechts: Fertigbäche im
Sandstein-Design können Sie
in einen natürlich wirkenden
Felsenwasserlauf einbauen
und als wirkungsvollen Wasserfall nutzen.

3 Graben Sie das Loch für den
Quelltopf und legen Sie es mit
einer 5 bis 10 cm dicken Sandschicht aus. Setzen Sie den Fertigteich hinein und achten Sie
auch hier darauf, dass er gerade
liegt und der Auslauf über das
darunter liegende Bachstück
hinausragt.

4 Verfüllen Sie die Zwischen-
räume zwischen den Fertigteilen
und den Wänden des Grabens
mit Sand oder gesiebter Erde und
drücken Sie sie fest. Verlegen Sie
den Schlauch von der Pumpe in
den Quelltopf und verbergen
Sie ihn unter größeren Steinen.
Achten Sie darauf, dass die
Schlauchöffnung im Quelltopf
über der Wasseroberfläche liegt,
damit das Wasser nicht durch
den Schlauch zurück zum Auffangteich fließt, wenn man die
Pumpe ausschaltet.

5 Schließen Sie das Kabel der Unterwasserpumpe mit einem was-
serdichten Stecker an das Kabel
der Hauptwasserleitung an. Achten Sie darauf, dass das Kabel der
Hauptwasserleitung durch eine
Fehlerstromschutzeinrichtung
(Stromunterbrecher) geschützt
ist. Schalten Sie die Pumpe an,
damit Sie sehen, ob der Bach
auch wie gewünscht fließt, und
rücken Sie dann die Bachteile in
ihre endgültig Position.

6 Steuern Sie den Wasserlauf mit
einigen Steinen und setzen Sie
Kriechpflanzen an die Bachufer.

Aushub und Einbau

1 Messen Sie die Länge des
Baches ab und kaufen Sie die
nötige Anzahl von Fertigbächen
sowie einen Quelltopf. Markieren
Sie dann den Verlauf des Baches
auf dem Abhang neben Ihrem
Teich. Heben Sie einen ebenen,
etwa 15 cm tiefen Graben aus,
der ebenso breit und lang ist wie
der erste bzw. unterste Fertigbach. Legen Sie den Graben mit
einer 5 bis 10 cm dicken Sandschicht aus. Setzen Sie dann den
Fertigteich fest und gerade auf
den Sand, der Auslauf sollte
dabei 8 bis 10 cm über den Auffangteich hinausragen. Füllen Sie
so viel Wasser in den Bach, dass
er nicht kippt. Vergraben Sie den
Schlauch 15 cm tief neben dem
Bach.

2 Bauen Sie auf dieselbe Weise
so viele Fertigbachteile wie nötig
ein, bis Sie das obere Ende des
Baches erreicht haben. Achten
Sie darauf, dass der Auslauf jedes Bachteils über das darunter
liegende hinausragt.

Bau eines
Fertigbaches

Sie brauchen
- *Maßband*
- *Fertigbachteile und
  Quelltopf*
- *Holzpflöcke und Schnur
  zum Markieren*
- *Spaten*
- *Kelle*
- *Schubkarren*
- *feinkörnigen Sand*
- *Wasserwaage*
- *Plastikschlauch (gewellt
  oder verstärkt), Durch-
  messer 2 bis 2,5 cm, als
  Zufluss für die Pumpe
  (beträgt der Abstand zur
  Quelle des Baches mehr als
  3 m, verwenden Sie einen
  2,5 cm dicken Schlauch)*
- *kleine bis mittelgroße
  Steine*
- *Unterwasserpumpe*
- *zugelassener wasserdichter
  Stecker*
- *Stromunterbrecher*
- *einige Kriechpflanzen*

FOLIENBÄCHE

Diese Art der Bachkonstruktion lässt Ihnen viel Freiheit bei der Gestaltung. Je nach Höhenunterschied und Länge des geplanten Baches können Sie ihn mit einer einzigen oder mehreren zusammengefügten Folien bauen. Im Beispiel auf dem Bild rechts wird ein Bach auf einem verhältnismäßig ebenen Gelände mit einer einzigen Folie angelegt.

Aushub und Einbau

1 Wählen Sie den Standort für den Bach sorgfältig aus. In unserem Beispiel lenkt der Bach den Blick aus dem Garten hinaus in die umliegende Landschaft.

2 Markieren Sie den Verlauf des Baches mit Holzpflöcken. Überprüfen Sie mit Wasserwaage und Richtlatte, ob die Pflöcke gleich hoch sind. Im Beispiel hat der Bach die Form eines langen, schmalen Teiches, der noch dazu eben verläuft, so dass das Wasser im Bach bleibt, wenn die Pumpe nicht läuft. Solange der Auslauf in den Auffangteich niedriger liegt als die Bachufer, fließt der Bach, wenn die Pumpe an ist. Auf diesen Auslauf in den Auffangteich müssen sich alle anderen Höhenangaben beziehen, deshalb nennt man ihn auch Bezugspunkt.

3 Entfernen Sie das Gras auf der ganzen Breite des geplanten Baches. Lassen Sie die Holzpflöcke noch in der Erde, sodass

Sie sehen können, ob Sie die Bachufer eventuell noch erhöhen müssen.

4 Entfernen Sie die Erde in der Mitte des Baches bis zu einer Tiefe von 30 cm und deponieren Sie sie vorübergehend auf einer Plastikfolie in der Nähe. Legen Sie entlang der Bachufer Terrassen von 15 cm Tiefe und 7 bis 15 cm Breite an, damit Sie dort Felsen hinlegen oder Pflanzlöcher anlegen können. Beseitigen Sie spitze Gegenstände und Steine und glätten Sie die Grabungsfläche mit dem Rechen.

5 Legen Sie das Bachbett mit der schützenden Vlies-Unterlage aus. Beschweren Sie diese mit Steinen, bis Sie die Folie hineinlegen.

6 Legen Sie den Bach mit der Folie aus und beschweren Sie sie vorübergehend mit Steinen, die Sie später für die Ufer verwenden können. Beseitigen Sie Steinchen oder spitze Gegenstände aus der ausgehobenen Erde und füllen Sie damit etwa 7,5 bis 10 cm hoch den Bach. Die Erde sollte nährstoffarm sein. So kann die Sonne auch billigere Folien nicht beschädigen. Setzen Sie an geeigneten Stellen im Bach Pflanzen ein, die mit der Zeit das Wasser im Auffangteich filtern. Legen Sie abgerundete Kiesel oben auf die Erde, um zu verhindern, dass sie vom fließenden Wasser abgetragen wird.

7 Vergraben Sie den gerippten Plastikschlauch neben dem Bach, um das Wasser in den Teich zu leiten, der die Quelle des Bachs bilden wird. Legen Sie dann die Felsstücke an ihren endgültigen Platz. In den nächsten 4 bis 5 Monaten werden sich Moose und Pflanzen auf den Steinen ansiedeln. Die Pflanzen im Bach selbst lassen das Ufer bald natürlicher aussehen.

8 Dieser Bach wurde im Frühherbst angelegt und im späten Frühjahr des folgenden Jahres sieht er schon sehr ansprechend aus. Dazu tragen die blühenden Sumpfdotterblumen (*Caltha palustris*), die Knospen der Sibirischen Schwertlilie (*Iris sibirica*) und die cremefarbenen, gestreiften Blätter der gelben Wasserschwertlilie (*Iris pseudacorus*) bei. Um die gestalterische Wirkung noch zu verstärken, wurde die sehr langsam wachsende Hanfpalme (*Trachycarpus fortunei*) an einem auffälligen Punkt beim Terrassenfenster gepflanzt.

9 Neuseeländer Flachs (*Phormium* sp.) und Bambus verleihen dem vergrößerten Auffangteich mehr Üppigkeit. Neuseeländer Flachs und Hanfpalmen sind allerdings nur im Weinbauklima winterhart und der Bambus neigt zum Wuchern. Jetzt muss man den Bach nur noch mit einigen flachen Felsstücken mit dem Teich verbinden.

Bau eines Folienbaches

Sie brauchen

- *Holzpflöcke und Schnur zum Markieren*
- *Wasserwaage*
- *Richtlatte*
- *Spaten*
- *Schubkarren*
- *große Plastikfolie*
- *Rechen*
- *gesponnenes Geotextilvlies als Unterlage*
- *kleine Felsen*
- *Folie*
- *einige Sauerstoff liefernde Pflanzen und Uferpflanzen*
- *Kelle*
- *abgerundete Kiesel oder Strandsteine*
- *gerippter Plastikschlauch mit 2,5 cm Durchmesser*
- *Unterwasserpumpe*
- *zugelassener wasserdichter Stecker*
- *Stromunterbrecher*
- *flache Felsstücke*

Ganz oben: Heben Sie den Boden aus: etwa 20 cm tief für die Uferterrassen und 40 cm für die Mitte. **Oben:** Legen Sie den Bach mit dem Vlies aus, um die Folie vor spitzen Steinen zu schützen. **Mitte:** Nun breiten Sie die Folie aus und beschweren sie mit flachen Felsstücken, bis Ihnen der Bach gefällt. Dann geben Sie Erde und Wasser zu und rücken die Steine in ihre endgültige Position. **Unten:** Knapp ein Jahr nach dem Bau blühen die Pflanzen, und der Bach sieht natürlich aus.

Links: Ein ringförmiger Springbrunnen passt perfekt zu diesem einfachen runden Teich. Die optische Balance der einzelnen Wasserstrahlen ist hier sehr wichtig; die Düsen sollten daher peinlich sauber gehalten werden.

SPRINGBRUNNEN

Springbrunnen kommen am besten im Hochsommer zur Geltung, wenn Sie die heiße staubige Luft erfrischen. Sie nützen auch Fischteichen, denn sie versorgen das Wasser in heißen schwülen Sommertagen mit Sauerstoff. Ohne „Hilfe" kann relativ warmes Wasser nicht genug Sauerstoff aufnehmen. Eine ausführliche Erkundigung über die vielen verschiedenen Arten von Springbrunnen lohnt sich. Sie sind in unterschiedlichen Höhen und Sprühmustern erhältlich, die man – abhängig von der Größe und der Form des Teiches – selbst einbauen kann. Der Standardaufsatz der Pumpensätze ist nicht besonders einfallsreich.

Funktionsweise

Der einfachste Springbrunnen befindet sich direkt über einer Unterwasserpumpe, die auf einem Sockel auf dem Teichboden steht. Zu einem einfachen Springbrunnenbausatz gehören eine Unterwasserpumpe, ein kurzer Verlängerungsschlauch mit Durchflussregler, ein Druckleitungsabzweig für einen zweiten Schlauch für einen Wasserfall oder Filter und eine aufsteckbare Plastikdüse, die auf den Verlängerungsschlauch passt. Der Schlauch für die Düse ist meist für einen 45 cm tiefen Teich gedacht. Wenn der Teich viel tiefer ist, muss man die Pumpe auf einen Sockel stellen, damit die Düse durch die Wasseroberfläche dringt. Ist der Teich flacher, kann man den Schlauch kürzen.

Wie hoch und wie weit das Wasser spritzt, steuert der Durchflussregler. Der Springbrunnen sollte nicht höher spritzen als der Durchmesser des Teiches groß ist.

Wartung

In kleinen flachen Teichen können Sie den Durchflussregler leicht erreichen und Düse und Pumpenfilter säubern, denn diese sind häufig verstopft. Bei größeren Teichen ist es besser, die Pumpe nahe ans Ufer zu stellen und die Springbrunnendüse mit einem Schlauch, der auf dem Teichgrund liegt, an die Pumpe anzuschließen. Ein dunkler Schlauch fällt nicht weiter auf. Algen, vor allem die faserigen

Tipp

Besonders schön kommt ein Springbrunnen zur Geltung, wenn die Sonne oder künstliches Licht in den Wassertropfen glitzert. Setzen Sie den Brunnen vor einen dunklen Hintergrund, an eine Stelle, wo die Sonne den Wasserschleier erreicht.

Sorten, die zur Teppichbildung neigen, suchen gerne kleine Springbrunnen heim und verstopfen die Pumpenfilter und Düsen. Nehmen Sie diese daher oft heraus, damit das Wasser immer gleich hoch spritzt und säubern Sie die Düsen mit verdünntem Essig. Dies reduziert gleichzeitig den Kalkbelag.

Arten von Springbrunnen

Einstrahldüse oder Schaumkrone

Dies ist ein einfacher Brunnen, ideal für kleine Teiche. Auch müssen Sie hier keine feinen Düsen säubern. Je enger der Durchmesser des Brunnenschlauches, umso höher spritzt die Fontäne. Wenn sich die Schlauchöffnung ganz knapp unter der Wasseroberfläche befindet, entsteht eine Art Geysir.

Es gibt auch teurere Geysire mit einer großen Schaumkrone zu kaufen. Diese sind relativ teuer und brauchen eine stärkere Pumpe.

Wasserglocke

Sie erzeugt einen dünnen halbkugelförmigen Wasserschleier und eignet sich nur für sehr windgeschützte Teiche, da sie bereits durch die sanfteste Brise zerstört wird. In einem Haus oder Gewächshaus kommt dieser Springbrunnen wunderschön zur Geltung.

Doppel-Kaskaden

Kaskaden können Sie erzeugen, indem Sie Anordnung und Größe der Düsen einer Springbrunnenbrause verändern. Besonders gut kommen sie in gemauerten Teichen oder geometrischen Anlagen zur Geltung, wo die raffinierten Muster betont werden.

Schwallsprudler

Dieser Brunnen kann verschiedene Sprühmuster aufweisen, die von der Wasserfläche ausgehen, ohne dass irgendein Ursprung zu sehen ist. Bereits eine geringe Schwankung des Wasserspiegels zerstört ihre Wirkung, da dann die Düsen unter Wasser liegen oder der Schlauch sichtbar wird.

Pirouette

Das gepumpte Wasser wirbelt in einem waagrechten Strudel herum, ähnlich wie bei manchen Rasensprengern. Je größer der Wasserdruck, umso schneller bewegt sich das Rad.

Links: Ein Steintrog und eine Maske bilden einen einfachen Wandbrunnen. Vorratsbecken, Pumpe und Rohre sind unter dem Trog verborgen.

WASSERSPEIER

Kleine abgeschlossene Stadtgärten, Innenhöfe, Terrassen oder Gewächshäuser sind ideale Orte für Wasserspeier, da ein frei gelegener Teich oder Springbrunnen dort oft keinen Platz hat. Die verschiedenen Formen des Brunnenauslaufs, hauptsächlich Masken und Fratzen, bilden kleine architektonische Details. Sie sollten sie sorgfältig auswählen, da sie sehr dominant sind, selbst wenn der Brunnen gar nicht läuft. Ein Wasserspeier kann am Ende eines Weges einen wirkungsvollen Blickfang bilden, besonders wenn er von der Sonne bestrahlt wird.

Gestaltungselemente

Wie bei allen Springbrunnen braucht man auch hier ein Vorratsbecken, aus dem die Pumpe ihr Wasser bezieht. Dies kann entweder ein Behälter sein, der knapp unter dem Wasserstrahl an der Wand angebracht ist, oder auch ein Teich am Fuß der Mauer. Letzteres ist im Allgemeinen günstiger, da ein Teich genug Wasser enthält, um den Verlust durch Verdunstung und das Spritzen aufzufangen. Ein an der Wand befestigter Behälter, der ebenso viel Wasser halten kann, braucht kräftige Stützen.

Die Gestaltung des Auffangbeckens lässt Ihnen einige Freiheiten. Ein gemauerter Teich mit einem breiten Rand bietet eine Sitzgelegenheit, sodass Sie das Geräusch und die Nähe des Wassers genießen können. Wenn die Wände des Beckens aus demselben Material sind wie die Mauer, an der der Wasserspeier angebracht ist, sieht es so aus, als ob der Brunnen schon immer zur Mauer gehört hätte.

Komplette Wasserspeier werden bereits mit einer kleinen Pumpe verkauft. Man muss sie nur noch an die Wand schrauben und das Pumpenkabel einstecken. Meist sind sie jedoch sehr klein und wirken auf einer großen Wandfläche unter Umständen verloren.

Technische Überlegungen

Das schwierigste Problem bei größeren Wasserspeiern besteht darin, den Schlauch zwischen Pumpe und Wasserspeier zu verdecken. Wenn die Mauer einen passenden Hohlraum aufweist, können Sie den Schlauch hindurchziehen, nachdem Sie zwei Löcher als Ein- und Ausgang gebohrt haben. Wenn die Rückseite der Mauer zu erreichen ist, wenden Sie die unten stehende Methode an. In anderen Fällen werden Sie das Rohr entweder hinter einem Spalier mit Kletterpflanzen verbergen müssen oder hinter einer Terracottaröhre. Sägen Sie die Röhre der Länge nach durch und befestigen Sie sie senkrecht mit Mörtel an der Mauer, sodass sie vom unteren Rand des Wasserspeiers zum Auffangbecken führt. Die Rohre können Sie auch hinter einer zusätzlichen Mauer verbergen. Diese stützt gleichzeitig ein schweres Wandbecken ab.

Einbau eines Wasserspeiers

Sie brauchen
- *rekonstruierte Steinmaske*
- *Auffangbecken*
- *Bohrmaschine mit einem 1,5 cm dicken Bohraufsatz*
- *Kupferrohr, 1,5 cm Durchmesser*
- *Eisensäge zum Schneiden des Kupferrohrs*
- *kleine Packung Fertigmörtel*
- *Kelle*
- *Eimer zum Mischen des Mörtels*
- *Gewindemuffen zum Ineinanderstecken der Kupferrohre*
- *Schraubenzieher*
- *Plastikschlauch*
- *4 x 1,5 cm große Schlauchklemmen oder 2 Gewindewinkel, um das Kupferrohr und die Gewindemuffen zu verbinden*
- *Unterwasserpumpe mit Durchflussregler*
- *zugelassener wasserdichter Stecker*

Einbau eines Wasserspeiers

Ein klassischer Wasserspeier ist nicht schwer zu bauen.

Steinmaske

Kupferrohr führt durch die Mauer in die Mundöffnung der Maske

Überlaufbecken

Kupferrohr oder Plastikschlauch

Gewindemuffe und Gewindewinkel

Auffangteich

Pumpenkabel

Unterwasserpumpe

wasserfester Stecker

Bau eines Wasserspeiers

1 Markieren Sie die Position der Maske auf der Mauer und bohren Sie ein Loch in die Wand. Bohren Sie dann ein zweites Loch in die Wand, knapp über der Wasserlinie des Auffangbeckens, um das Zuflussrohr hinter der Mauer zu verbergen.

2 Schneiden Sie ein Stück Kupferrohr zurecht, das lang genug ist, dass Sie es durch die Wand in das Loch des Mundstücks stecken können. Stecken Sie das Rohr dann an seinen Platz, sodass die Maske vorüber-

Unten: Die Größe der Pumpe ist wichtig. Dieser Wandbrunnen braucht eine kräftige Pumpe, um seine spezielle Wirkung zu erzielen.

Rechts: Durch die genaue Abstimmung mit den Mauersteinen fügt sich der Wandbrunnen harmonisch in seine Umgebung ein.

Oben: In dieser winzigen Nische sorgt ein ganz einfacher Wasserspeier für einen Überraschungseffekt. Die kleine Pumpe ist unter Kieselsteinen im Behälter verborgen.

gehend abgestützt wird. Lassen Sie es dabei an jedem Ende mindestens 2,5 cm aus der Wand hinausragen.

3 Bestreichen Sie die Rückseite der Maske mit einer dünnen Mörtelschicht, feuchten Sie sie jedoch zuerst an, damit der Mörtel besser klebt. Achten Sie darauf, dass er nicht zu flüssig ist, da er sonst an den Rändern herausquillt.

4 Drücken Sie die Maske sofort an die Wand und stecken Sie das Kupferrohr durch die Öffnung, um die Maske zu stützen, bis der Mörtel hart ist.

Drücken Sie die Maske fest und entfernen Sie überflüssigen Mörtel. Beseitigen Sie auffällige Mörtelreste oder -spritzer mit

einem feuchten Schwamm, bevor sie hart werden. Wenn der Mörtel hart ist, können Sie das Kupferrohr verschieben, bis Sie mit dem Wasserstrahl zufrieden sind.

5 Befestigen Sie das Ende des Kupferrohrs an einer Gewindemuffe. Wenn Sie einen Schlauch verwenden, befestigen Sie die Gewindemuffe an einem senkrechten Stück Schlauch und das andere Schlauchende an einer zweiten Gewindemuffe. Benutzen Sie dazu die Schlauchklemmen. Befestigen Sie dann die untere Gewindemuffe an einem kurzen Stück Kupferrohr, das durch das untere Loch in der Mauer wieder nach draußen führt und mit der Unterwasserpumpe im Auffangbecken verbunden ist. Wenn Sie dagegen nur mit einem Kupferrohr arbeiten, so befestigen Sie es mit Gewindewinkeln an den Gewindemuffen. Sichern Sie die Rohre mit Stützbalken an der Mauerrückseite.

6 Schließen Sie die Unterwasserpumpe mit dem wasserfesten Stecker an die Hauptwasserleitung an und probieren Sie dann das System aus. Verstellen Sie falls nötig den Durchflussregler, bis Sie mit der Stärke des Wasserstrahls zufrieden sind.

Links: Reihen von bunten Kieselsteinen, die mit Mörtel am Boden dieses Zierkanals befestigt sind, ergänzen das eher lockere Design aus Kies und Schotter der angrenzenden Wege und Beete.

KANÄLE

Kanäle sind eine perfekte Verbindung zwischen Wasserelementen in Ziergärten, z.B. zwischen gemauerten Teichen oder Springbrunnen. Außerdem lenken gerade Wasserrinnen den Blick auf Skulpturen, Vasen und andere Schmuckelemente. Stimmen Sie die Breite des Wasserlaufs mit der Gartengröße ab, zu schmal ist hier besser als zu breit. Ein 30 cm breiter Kanal erzielt bereits eine dramatische Wirkung, besonders wenn er durch säulenfömige Pflanzen oder gestutzte Hecken und geometrisch geformte Sträucher betont wird.

Wasserrinnen und Kanalteiche sollten auch mit den Mauern und der Pflasterung ihrer Umgebung harmonieren, sodass Gefäße und eine sparsame Bepflanzung hier besonders schön zur Geltung kommen. Erkundigen Sie sich, welche Materialien erhältlich sind. Beton ist ideal zum Bauen, wenn man die geringe Tiefe und die klaren Umrisse eines Kanals bedenkt, während glasierte Kacheln in blauen oder grünen Farbtönen an den Rändern wunderbar kühl wirken.

Beim Bau eines Kanals müssen Sie sehr sorgfältig vorgehen und großen Wert auf Ebenmäßigkeit, Proportionen und die richtige Tiefe legen.

Aushub und Einbau

1 Markieren Sie Länge und Breite des geplanten Kanals auf ebenem Terrain. Heben Sie die Fläche für den Kanal 15 cm tief aus, dann noch einmal 5 cm für die Grundschicht aus feinkörnigem Sand. Geben Sie den Sand hinein und legen Sie die Plastikfolie als schützende Unterlage für den Beton in den Graben.

2 Überprüfen Sie mit Richtlatte und Wasserwaage, ob die Ränder der Aushebung gleichmäßig hoch sind. Mischen Sie den Beton aus zwei Teilen grobem Sand und einem Teil Zement und geben Sie während des Mischens Verstärkungsfasern nach Gebrauchsanweisung zu. Gießen Sie den Beton auf die Plastikfolie und stampfen Sie ihn mit dem flachen Holzstück fest.

Tipp

Verstärkungsfasern verhindern, dass der Beton im Kanal springt, wenn sich der Boden bewegt. Mit der traditionellen Methode – nämlich ein verzinktes Drahtgitter im Betonboden – verhindern Sie ebenfalls größere Risse, allerdings nicht ganz so verlässlich.

3 Lassen Sie die Betonmischung ein bis zwei Tage fest werden. Bauen Sie dann die Seitenwände aus Ziegelsteinen, die Sie mit Mörtel auf dem Kanalboden befestigen. Wenn Sie auch die Einfassung mit Ziegeln pflastern wollen, sorgen zwei Ziegelreihen nebeneinander für die nötige Breite. Achten Sie bei der Arbeit stets darauf, dass die Ziegelreihen genau gleich hoch sind.

4 Wenn der Mörtel hart geworden ist, legen Sie die Deckziegel quer auf die Seitenwände und befestigen sie ebenfalls mit Mörtel. Die Ziegel dürfen dabei ruhig etwa 5 cm über die Wasserfläche hinausragen. Wenn der Mörtel hart ist, streichen Sie das Innere des Kanals mit einer Zementmischung mit Verstärkungsfasern ein. Benutzen Sie dazu eine Pflasterkelle. Die Zementschicht sollte an den Seitenwänden 5 mm dick sein, am Boden doppelt so dick.

Betonplatten als Kanalgrund

Statt aus Beton können Sie den Kanal auch aus Betonplatten gestalten – das geht einfacher. Bei kurzen Kanälen reichen Platten von 90 x 60 x 5 cm Größe, die Sie entweder einzeln oder nebeneinander auf den Kanalboden legen. Sie müssen jedoch Fugen und Oberfläche der Platten und Wände ausreichend mit Zement bestreichen. Anstatt aus Ziegelsteinen können Sie die Seitenwände des Kanals aus Beton-Mauerblöcken bauen, etwa 45 x 25 x 7,5 cm groß; für die Einfassung eignen sich dekorative Wegplatten (5 cm dick). Wenn Sie längere Kanalabschnitte auf diese Weise gestalten, sollten Sie dem Zement Verstärkungsfasern zugeben, sodass die einzelnen Platten besser zusammenhalten.

Bau eines Kanals

Sie brauchen
- *Bambusstöcke und Schnur zum Markieren*
- *Spaten*
- *Schubkarren*
- *feinkörnigen Sand*
- *strapazierfähige Plastikfolie*
- *Richtlatte*
- *Wasserwaage*
- *groben Sand*
- *Zement*
- *Verstärkungsfasern*
- *flachkantiges Holzbrett, 5 x 5 x 60 cm, zum Verfüllen*
- *Ziegelsteine*
- *Maurerkelle*
- *Fertigmörtel*
- *Deckziegel (Klinker)*
- *Eisenkelle*

Gerader Kanal

Dieser Querschnitt zeigt das Baumaterial für einen Kanal oder geraden Bach.

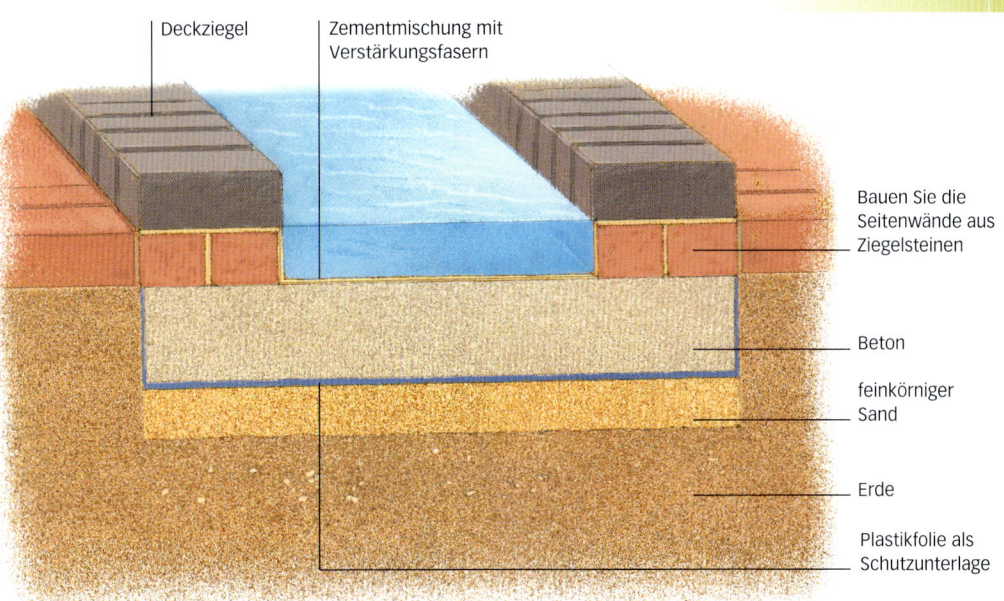

Deckziegel

Zementmischung mit Verstärkungsfasern

Bauen Sie die Seitenwände aus Ziegelsteinen

Beton

feinkörniger Sand

Erde

Plastikfolie als Schutzunterlage

Links: Der sechseckige Pflanzkübel beherbergt einen Kieselsteinbrunnen. Die Innenseite wurde abgedichtet und über der Öffnung liegt ein Netz, das die Steine trägt.
Rechts: Diese sprudelnde Vase steht auf Ziegelpfeilern über einem Vorratsbecken im Boden. Die Pumpe darin drückt das Wasser durch ein Loch im Boden in die Vase hinauf.

BRUNNEN UND QUELLSTEINE

Die vielen verschiedenen leistungsfähigen Pumpen und die wachsende Zahl größerer Behälter eröffnen immer neue Möglichkeiten, auch auf begrenztem Raum im Garten oder Gewächshaus ein Wasserspiel anzulegen. Grundvoraussetzungen hierfür sind die Nähe eines Stromanschlusses und ein Vorratsbecken, das groß genug für den Wasserkreislauf ist, auch wenn noch Wasser verdunstet. Wenn diese Bauelemente erst einmal eingebaut und gefüllt sind, belasten sie die Wasserversorgung kaum, außer dass man sie gelegentlich ein wenig auffüllen muss. Im Gegensatz zu Teichen benötigen Sie keine Pflanzen oder Filteranlagen, damit Ihr Wasser sauber und klar bleibt.

Der Kieselstein-Springbrunnen ist ein einfaches Gestaltungselement und passt in alle Gärten. Seine Größe richtet sich dabei ganz nach der Gartengröße. Sie können seine Wirkung erheblich verändern, indem Sie einfach die Steine an seinem Auslauf anders anordnen oder den Wasserspiegel im Vorratsbecken heben oder senken.

Bau eines Kieselstein-Springbrunnens

1 Wählen Sie einen Standort, den man von Ihrem Lieblingsfenster aus gut sehen kann und säubern Sie dann ein Stück Boden, das etwa 1 bis 1,2 m² misst. Messen Sie den Durchmesser der Wanne oder auch einer Mülltonne ab und graben Sie ein Loch, das etwas größer ist.

2 Lassen Sie das Vorratsbecken in das Loch hinab, sodass es knapp 10 cm unter der Erdoberfläche liegt. Überprüfen Sie mit Wasserwaage und Richtlatte, ob der Behälter eben sitzt. Sie verfestigen die umliegende Erde und drücken sie in die Lücke zwischen dem Vorratsbecken und den Wänden des Loches. Sitzt das Becken fest, so graben Sie eine tellerförmige, etwa 7,5 bis 10 cm tiefe Mulde, die sich mit einem Radius von 1 m um den Wasserspeicher erstreckt.

3 Sie breiten die Plastikfolie über diese Fläche und beschweren sie vorübergehend mit Steinen. Schneiden Sie über dem Vorratsbecken ein Loch in die Folie, dessen Durchmesser ein wenig kleiner als der des Vorratsbeckens ist.

4 Legen Sie einen Pflasterstein auf den Boden des Vorratsbeckens, damit kein Schmutz den Einlauffilter der Pumpe verstopft, und stellen Sie die Unterwasserpumpe darauf. Verbinden Sie den Schlauch mit dem Auslauf der Pumpe.

5 Legen Sie das Gitter aus verzinktem Metall oder feinmaschigem Drahtgeflecht über das Vorratsbecken. Schneiden Sie, wenn nötig, ein kleines Loch in die Mitte des Gitters und stecken Sie den Pumpenschlauch hindurch.

6 Klemmen Sie den Schlauch zwischen Steinen fest und achten Sie bei einem biegsamen Schlauch darauf, dass er senkrecht stehen bleibt, denn nur so kann das Wasser auf sich selbst herabfallen. Bei einem biegsamen Drahtgeflecht müssen Sie den Rand sorgfältig mit Steinen beschweren oder stabile Latten

als Unterstützung quer über das Becken legen, damit der Maschendraht unter dem Gewicht der Kiesel nicht in den Wasserbehälter rutscht. Füllen Sie das Vorratsbecken teilweise mit Wasser und schalten Sie die Pumpe ein, um ihre Wirkung zu testen.

7 Wenn Sie mit dem Wasserfluss zufrieden sind, füllen Sie das Vorratsbecken ganz. Ist der Auslaufschlauch zu auffällig, so kürzen Sie ihn auf die nötige Länge und bringen Sie dann die Steine in ihre endgültige Lage, je nachdem, welche Wirkung Sie erzielen wollen. Wenn Sie die Steine über dem Auslauf anhäufen, so wird das Wasser in mehrere kleine Strahlen zerstäubt, wenn Sie den Auslauf dagegen frei halten, bekommen Sie eine einzelne Schaumkrone.

Bau eines Kieselstein-Springbrunnens

Kieselstein-Springbrunnen eignen sich besonders gut für Gärten, in denen für einen richtigen Teich kein Platz ist

Bau eines Vorratsbeckens

Sie brauchen
- Spaten, Rechen und Kelle
- Schubkarren
- große Plastikwanne oder Mülltonne
- Wasserwaage
- Richtlatte
- flachkantiges Holzbrett, 5 x 5 x 60 cm, zum Verfüllen
- Plastikfolie
- verschiedene gewaschene Feldsteine
- kleinen Pflasterstein, etwa 5 bis 7,5 cm hoch, der auf dem Boden des Vorratsbeckens Platz hat
- Unterwasserpumpe mit Durchflussregler
- festen oder biegsamen Schlauch, der auf den Pumpenauslauf passt und bis zur Wasseroberfläche reicht (ein Schlauch mit kleinerem Durchmesser lässt das Wasser höher aufsteigen als ein Schlauch mit großem Durchmesser)
- Gitter aus verzinktem Metall oder Drahtgeflecht, 10 cm breiter als der obere Durchmesser des Wasserspeichers
- Drahtschere
- zugelassener wasserfester Stecker

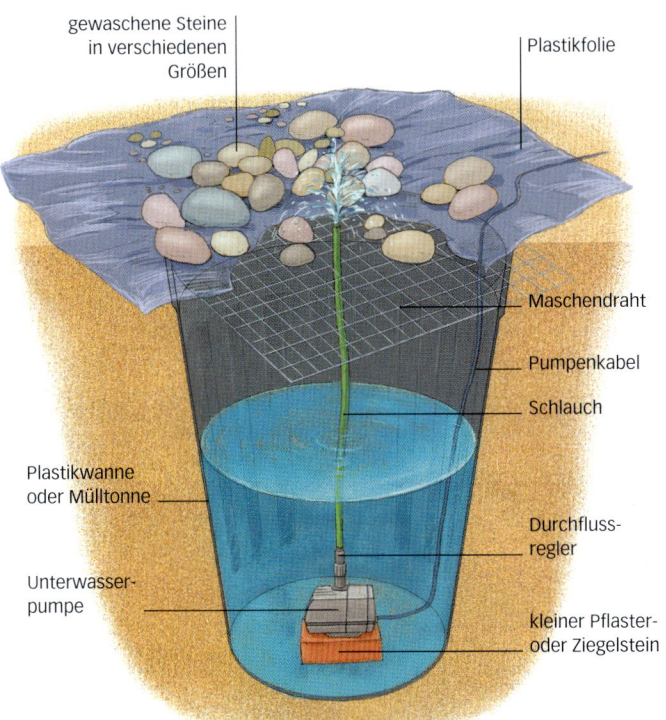

gewaschene Steine in verschiedenen Größen

Plastikfolie

Maschendraht

Pumpenkabel

Schlauch

Plastikwanne oder Mülltonne

Durchflussregler

Unterwasserpumpe

kleiner Pflaster- oder Ziegelstein

4 DEKORATIVE ELEMENTE

Teiche und Wasserbecken können Sie mit einer ganzen Reihe von Elementen verschönern. Den größten Einfluss auf das gesamte Erscheinungsbild hat die Randeinfassung, egal ob es sich um ein geometrisches Wasserbecken oder einen Naturteich handelt. Bei letzterem ist ein natürlich gestaltetes Ufer, das sich harmonisch in seine Umgebung einfügt, das ehrgeizigste Bauprojekt. Andere Elemente sehen nicht nur schön aus, sondern erleichtern auch den Zugang zum Teich, z.B. Trittsteine oder Brücken. Eine Beleuchtung wiederum sorgt dafür, dass Sie auch an dunklen Winterabenden etwas von Ihrem Wassergarten haben.

UFER UND TEICHRAND SCHÖN GESTALTEN

Kleine Teiche werden traditionell mit Pflastersteinen eingefasst, doch es gibt heutzutage viele andere geeignete Materialien, die Ihnen mehr künstlerischen Freiraum lassen. Bei diesen Materialien ist eine fundierte Bautechnik und ein hohes Maß an Genauigkeit nötig, besonders in Bezug auf die Ebenmäßigkeit. Ebenso wichtig sind Stabilität der Materialien, da Teichränder schnell abgetreten werden oder nachgeben, wenn das Fundament nicht stark genug gebaut ist. Sicherheit ist hier oberstes Gebot.

Einfassung für formale Teiche

Zu geometrisch geformten Teichen passt am besten eine gepflasterte Einfassung, die dem Wasserbecken klare Umrisse verleiht. Die Auswahl ist riesig, sowohl an vorgefertigten Betonsteinen als auch an Natursteinen. Natursteine fügen sich sehr gut in ältere Teichanlagen ein, können in Wassernähe aber gefährlich werden, da sich darauf schnell Algen ansiedeln und den Stein glitschig machen. Betonsteine gibt es dagegen mit

rutschfester Oberfläche. Bei geometrischen Mustern mit scharfen Kurven oder kreisförmigen Umrissen betonen Ziegel oder Klinker diesen Umriss, besonders wenn ihre Farbe mit anderen Pflastersteinen im Garten kontrastiert.

Naturstein

Platten aus Naturstein sind die teuersten Steine. Achten Sie darauf, dass sie alle gleich dick sind, denn es sieht komisch aus, wenn einige über die Wasseroberfläche hinausragen.

Ziegelsteine

Normale Ziegel können Sie am Wasser an Orten, die nur selten begangen werden, zum Pflastern verwenden. Uferbereiche, die häufig betreten werden oder mit Wasser in Kontakt kommen, pflastern Sie dagegen mit hart gebrannten Ziegeln oder Klinker. Diese sind wesentlich härter als Verblendziegel.

Betonsteine

Terrassenplatten aus Beton sind in verschiedenen Größen, Farben und mit unterschiedlichen Strukturen erhältlich und können guten Gewissens auf eine ebene Fläche gelegt werden, da sie alle genau gleich dick sind.

Pflasterung aus Kieselsteinen

Eine häufige und relativ billige Naturstein-Einfassung besteht aus selbst gesammelten Flusskieseln und Feldsteinen. Sie ist so vielseitig, dass man sie für gerade und geschwungene Umrisse verwenden kann.

Pflastersteine

Pflastersteine sind eine nützliche Einfassung und eignen sich ebenso wie Ziegel für Umrisse mit scharfen Kurven. Sie sind in Granit, Sandstein und Beton als Würfel mit 10 cm oder 15 cm Kantenlänge erhältlich. Damit sie stabil liegen, müssen Sie sie in Mörtel betten.

Einfassungen

Natürliche Einfassungen in Form eines dichten Bewuchses mit Uferpflanzen oder Gras eignen sich gut für Naturteiche, problematisch sind hier allerdings Trittfestigkeit und Pflege.

Gras

Graseinfassungen bröckeln leicht ab. Dies kann man verhindern, indem man sie mit einem soliden Fundament untermauert (siehe Seite 30–31) oder sie mit senkrechten Rundhölzern kombiniert. Gras kommt zusammen mit anderen Materialien an großen Teichen schön zur Geltung, besonders wenn die Landschaft in der Umgebung abwechslungsreich ist und man nur eine Zugangsstelle zum Teich braucht. Wenn Sie die Grasreste nach dem Mähen wegräumen, sodass sie der Wind nicht ins Wasser wehen kann, wirkt eine Graseinfassung natürlich. Schneiden Sie es im Sommer gut zurück, damit es nicht ins Wasser hineinwächst.

Rundhölzer

Mit Rundhölzern, auch Palisaden genannt, aus Laub- oder behandeltem Nadelholz mit einem Durchmesser von 9 cm können Sie eine Kante zwischen Wasser und Gras bauen, damit das Gras nicht unterspült wird. Schneiden Sie die Spitzen der Hölzer knapp unter der Rasenkante ab, sodass Sie das Gras noch gut mähen können. Sie können sie aber auch lang lassen, denn so wird die Erde an den Teichrändern gestützt.

Steine und Felsstücke

Felsstücke als Teil der Randeinfassung verschönern Naturteiche

und -bäche, da sie auch in der Natur häufig in der Nähe von Wasser zu finden sind. Im Gartencenter gibt es viele Arten von Steinen, verwenden Sie aber möglichst welche aus Ihrer Umgebung, sie sind billiger und wirken natürlicher. Die häufigsten Gesteinsarten sind Sandstein und Kalkstein.

Sandstein
Sandstein hat eine angenehme und unauffällige Farbe, die von einem hellen Gelbgrau bis zu einem dunklen Rotbraun reichen kann, je nachdem wo der Stein herkommt. Beide Farben ändern sich im Laufe der Zeit, wenn das Gestein verwittert. Der Stein ist hart, aber immer noch weich genug, dass bei Verwitterung schichtförmige Muster entstehen. Außerdem ist er so porös, dass er Feuchtigkeit aufnehmen kann. Das ist in Gegenden mit strengen Wintern unvorteilhaft, da der Stein durch Frost splittern oder zerspringen kann. Wenn Sie einen kleinen Teich ganz mit Sandstein einfassen, könnte dies

den Wasserspiegel senken, da die poröse Oberfläche Wasser aufnimmt. Härtere Sandsteinarten wie Mühlensandstein sind sehr ansprechend gefärbt, nicht so porös und daher ideal als Teicheinfassung geeignet.

Kalkstein
Dieser Stein ist normalerweise grau. Er ist zwar porös, doch entstehen durch Verwitterung attraktive Muster mit Rissen und Spalten. Wenn er zu einem Teil unter Wasser liegt, gibt er etwas Kalk ab. Dies ist nur bei sehr kleinen Teichen ein Problem, die in einer Gegend mit hartem Wasser liegen und regelmäßig aufgefüllt werden, denn das Wasser wird dann sehr alkalisch. Wie Sandstein hat auch Kalkstein viele verschiedene Farben und Eigenschaften, doch beigefarbige Arten zerspringen leichter.

Quarz
Dieses Gestein ist hart und weniger porös, zu finden ist er in Felsfalten und weist einige interessante Farben auf. Wie großartig

Viele verschiedene Materialien eignen sich als Teicheinfassung. **Ganz links:** Ziegelsteine passen gut zu kleinen, runden, in den Boden eingelassenen Teichen, während Rundhölzer **(Mitte)** eine innovative Einfassung für einen gemauerten Teich abgeben. **Oben:** Ganz natürlich sieht eine Einfassung aus den härteren Arten von Sedimentgestein aus.

er wirkt, haben uns japanische Künstler im Kyoto-Wassergarten im Holland Park in London gezeigt.

Schiefer
Besonders dramatisch wirkt Schiefer in Wasserläufen, wo das glitzernde Wasser seine Farben betont. Er wird häufig von weißen Adern durchzogen.

Kiesel und Feldsteine
Kiesel und Feldsteine gehören zu den wirkungsvollsten Einfassungen für natürliche Wassergärten

Bau eines Kiesstrandes

Ein flacher Kiesstrand sieht schön aus und hilft Tieren, in den Teich zu gelangen und ihn wieder zu verlassen.

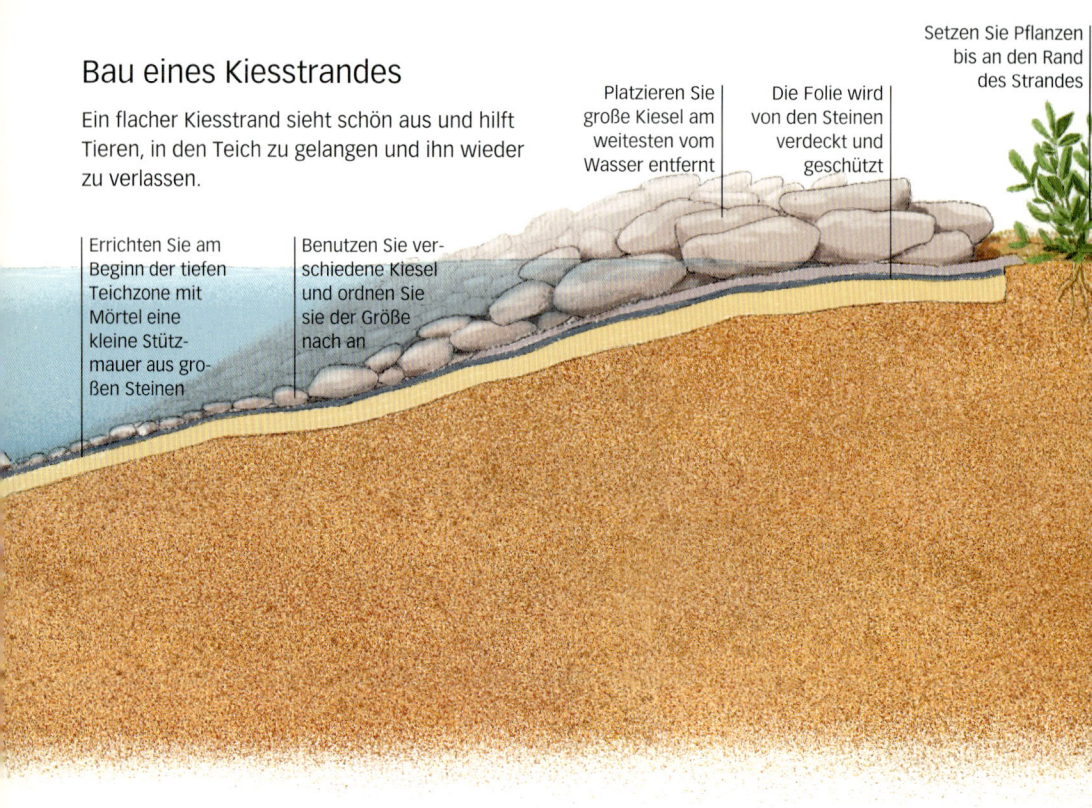

Setzen Sie Pflanzen bis an den Rand des Strandes

Platzieren Sie große Kiesel am weitesten vom Wasser entfernt

Die Folie wird von den Steinen verdeckt und geschützt

Errichten Sie am Beginn der tiefen Teichzone mit Mörtel eine kleine Stützmauer aus großen Steinen

Benutzen Sie verschiedene Kiesel und ordnen Sie sie der Größe nach an

und sind in verschiedenen Größen erhältlich. Es gibt sie in vielen ansprechenden Farben, z.B. aus weißem Marmor und honiggelbem Quarzstein. Für Teiche eignen sich am besten Flusskiesel, die es auch zu kaufen gibt. In manchen Ländern ist an Ufern und Stränden das Sammeln von Kieseln verboten, nur an ganz bestimmten Stellen darf man dort Steine für künstlerische Zwecke mitnehmen.

Schotter und Geröll

Eckige Steinchen und zerbröckelte Kiesel sind häufig zu klein, als dass man sie als alleinige Einfassung verwenden könnte, da sie im feuchten Zustand leicht an den Füßen kleben bleiben. Wenn Sie eine Einfassung aus eckigen Felsstücken bauen, können Sie mit Gesteinsbruch zwischen den Felsen eine Schotterfläche schaffen. Sie sollten Schotter jedoch nur über der Wasserlinie verwenden und wegen seinen spitzen Kanten nicht auf Folien legen. Da er in der Erde leicht verschwindet, verteilen Sie ihn am besten auf einem durchlässigem Bändchengewebe, das oft in Gärtnereien verwendet wird. Es hält Unkraut in Schach, ist jedoch wasserdurchlässig.

Holzabdeckung

Ein großer Vorteil einer Holzabdeckung ist, dass sie wie eine Mole über das Wasser hinausragen kann, sodass nicht nur der Eindruck von fließendem Wasser entsteht, sondern auch ein großer Sitzplatz. Der Teichrand ist unter der Abdeckung verborgen. Ideal ist eine Holzabdeckung für trockene Plätze, wie z.B. auf der Sonnenseite eines Hauses, wo die längere Sonneneinstrahlung Algen auf der Holzfläche vertrocknen lässt. Verwenden Sie möglichst haltbares Lärchenholz; billigeres Nadelholz sollte kessel-

druckimprägniert sein. Die Holzbretter und -platten brauchen eine gerillte Oberfläche, damit niemand ausrutscht. Auf großen Flächen wirken quadratische Holzplatten zusammen mit diagonal angeordneten Brettern besonders schön.

Kiesstrände

Ein Strand oder sanfter Abhang aus Kies an einem Teil des Ufers sorgt dafür, dass Tiere den Teich auch bei unterschiedlichem Wasserstand im Sommer und Winter betreten können. Kies oder runde Kieselsteine eignen sich hervorragend für flache Strände und verhindern, dass die Ufer verschlammen und Vögel das Wasser trüben.

Benutzen Sie Kieselsteine in unterschiedlichen Größen, damit Ihr Strand interessanter und natürlicher aussieht. Ordnen Sie sie der Größe nach an: Die kleinsten sollten unter Wasser liegen, die größten an den trockeneren Ufern. Damit die Steine nicht zum Teichgrund rollen, bauen Sie an dem Punkt, wo das flache Ufer in den tiefen Bereich übergeht, eine kleine Stützmauer aus größeren Steinen und befestigen Sie sie mit Mörtel.

Kiesel verstecken Folien hervorragend und verhindern, dass diese durch UV-Strahlen geschädigt werden. Wenn Sie die Steine unterhalb der Wasserlinie zusätzlich mit Beton befestigen, vermeiden Sie auch, dass Hundekrallen Löcher in die Folie reißen.

Unten: Ein flacher Kiesstrand ist sowohl für Kinder als auch für Tiere praktisch. Hier bildet er einen sanften Kontrast zur Pflanzenstruktur.

Links: Eine Holzbrücke fügt sich besser in einen Naturgarten ein, wenn Sie nicht plötzlich mit senkrechten Pfosten endet. Hier führt das schräge Geländer die Brücke langsam in die Pflanzen.
Rechts: Diese Trittsteine ermöglichen einen leichten Zugang zu der größeren „Holzinsel".

BRÜCKEN

Eine Brücke sieht nicht nur schön aus, sondern erfüllt auch einen Zweck. Deshalb sollte sie nicht nur wie ein Anhängsel ohne echten Sinn wirken. Brücken verbinden nicht nur Wege, sondern dienen auch als Aussichtspunkt, um das Wasser zu betrachten und neue Spiegelungen zu entdecken. Gewölbte Brücken wirken jedoch häufig aufdringlich und unruhig und stellen ein unnötiges Hindernis für einen angenehmen Spaziergang dar.

Holzbrücken, die knapp über der Wasseroberfläche liegen, sind am einfachsten und wirkungsvollsten, besonders in einem Naturgarten. Wenn Bretter der Länge nach über das Wasser gelegt werden, scheint die Brücke länger und einladender; quer angeordnet lassen sie die Brücke kürzer aussehen und wirken wie ein Stoppschild vor der Brücke. Errichten Sie wenn möglich kein Geländer, da Sie ohne es im Allgemeinen einen besseren Ausblick haben. Wenn ein Geländer aus Sicherheitsgründen unerlässlich ist, lassen Sie seine

Enden elegant zwischen höheren Stauden oder Sträuchern verschwinden.

Natürliche Wassergärten werden gerne von üppigem Laub an den Ufern beherrscht. Die Brücke wirkt dominanter, wenn Sie sie an einem schmaleren Teil des Teiches anlegen. Sie sollte weit in die Ufer hineinreichen, dadurch erscheint ein schmaleres Wasserstück breiter.

Hinweise zum Brückenbau

Eine ungestützte Holzbrücke kann höchstens eine Spannweite von 2,4 m haben. Längere Brücken müssen Sie im Wasser mit Pfeilern stützen. Die Brücke sollte mindestens 60 cm breit sein, in einem modernen Garten jedoch mindestens so breit, dass man Gartengeräte wie Rasenmäher auf die andere Seite transportieren kann. Wenn Sie einen einzelnen langen Holzbalken über das Wasser legen, so achten Sie darauf, dass die leichte Wölbung nach oben zeigt. Im

Laufe der Zeit ziehen ihn die Querstücke gerade, die Sie mit Schrauben oder Bolzen am Balken befestigen. 10 x 5 cm große Querbalken, die in Abständen von 90 cm zwischen den langen Balken liegen, verhindern, dass sich die tragenden Balken drehen oder krümmen.

Bauen Sie auf beiden Teichseiten gleich hohe Betonfundamente, um die Brücke zu stützen. Verwenden Sie dazu eine Mischung aus einem Teil Zement und vier Teilen Schotter (2 cm). Befestigen Sie die Brücke an den Fundamenten, indem Sie Riegel mit der Schraubenseite nach oben in den Beton einlassen, noch bevor dieser hart ist.

Wenn der Beton dann hart geworden ist, können Sie die Brückenbalken mit Winkelstützen an den Riegeln befestigen. Schneiden Sie dann rutschfeste, gerippte 15 cm breite Bretter auf eine Länge von 60 cm für den Boden zurecht. Sie ragen seitlich über die Stützbalken hinaus und werden mit Senkschrauben (5 cm) befestigt.

TRITTSTEINE

Auf Trittsteinen können Sie ebenfalls Wasser überqueren, selbst wenn Sie nur in der Mitte stehen bleiben, um die Atmosphäre zu genießen. Sie lockern eine Wasserfläche auf und lenken den Blick von einem Teil des Gartens in einen anderen, besonders wenn die Steine im Einklang mit der normalen Blickrichtung verlaufen, nicht im rechten Winkel zu dieser. Verwenden Sie Trittsteine nicht im tiefen Wasser oder nach Steilufern. Sie sollten so platziert sein, dass Sie leicht und langsam darauf gehen können und nicht jeden Schritt vorsichtig abwägen müssen, wenn Sie gleichzeitig ins Wasser schauen. Wenn Sie nicht genau wissen, in welchen Abständen Sie Trittsteine legen sollen, seien Sie lieber zu vorsichtig und legen Sie sie nahe zusammen. Der Übergang sollte ein kräftiges Fundament bekommen, bevor die Folie ausgelegt wird.

Terrassenplatten

Diese eignen sich gut als Trittsteine, besonders Platten mit rauer oder rutschfester Oberfläche. Obwohl sie hauptsächlich in geometrischen Gartenanlagen mit quadratischen oder rechteckigen Umrissen eingesetzt werden, gibt es auch maschinell gefertigte Trittsteine aus Beton in runden oder unregelmäßigen Formen. Sie haben eine raue Oberfläche und eignen sich hervorragend für Naturgärten. Runde Platten kommen in modernen Anlagen besonders gut zur Geltung und greifen die runde Form der Seerosenblätter auf. Egal, welche Form Sie verwenden – achten Sie darauf, dass die Steine so groß sind, dass Sie darauf stehen können.

Ziegelsteine

Ziegel eignen sich sehr gut als Pfeiler für Trittsteine. In Teichen, die flacher als 60 cm sind, legen

Sie vier Ziegel im rechten Winkel zueinander und in mehreren Schichten aufeinander. Verbinden Sie die Ziegel mit Mörtel. So erhalten Sie eine Unterlage für eine quadratische Steinplatte mit etwa 45 cm Seitenlänge, ohne dass Sie dazu Ziegel zerschneiden müssen. Die Ränder der Platte sollten leicht überstehen. Wenn die Ziegelschichten die Wasseroberfläche erreicht haben, tragen Sie auf die Oberseite des Pfeilers Mörtel auf und setzen die Steinplatte fest darauf. Überprüfen Sie mit der Wasserwaage, ob die Fläche eben ist, solange der Mörtel noch weich ist.

Findlinge

Große flache oder abgerundete Findlinge eignen sich hervorragend für naturnahe Wassergärten, besonders in Bächen und Teichen für Wildtiere. Auch Sumpfgärten benötigen eine Zugangsmöglichkeit, die in einer natürlichen Bepflanzung nicht zu künstlich wirkt. Verwenden Sie nicht-poröse Findlinge, z.B. aus Granit. Weicheres poröses Gestein wie frisch gebrochener Sandstein kann mit der Zeit durch Frost springen. Außerdem siedeln sich dort mit Vorliebe glitschige Algen an. Abgerundete Findlinge sehen gut aus, wenn sie teilweise unter Wasser liegen. Am besten eignen sie sich für schmale Stellen in einem Bach, denn so wirken sie nicht kalkuliert, sondern ganz zufällig und natürlich. An der Spitze eines Wasserfalles kommen einige Steine im flachen Wasser ebenfalls hervorragend zur Geltung.

Ganz links: Einen Weg können Sie wirkungsvoll durch einen Teich weiterführen, indem Sie Trittsteine aus demselben Material ins Wasser legen.

Links: Lassen Sie eine flache Bodenwelle im Teich, sodass die Ziegelpfeiler für die Trittsteine nicht höher als 45 cm werden.

Oben: Sandsteine mit glatter Oberfläche wurden hier ohne festen Plan in einen flachen Bach gelegt und bilden einen natürlichen Übergang.

Natursteine müssen in ein Mörtelfundament eingebettet werden, damit sie nicht wackeln. Gartenerde wird schnell schlammig und weich, selbst wenn sie den Stein anfänglich zu stützen scheint. Die Steine sollten möglichst groß sein, suchen Sie sich also jemanden, der Ihnen beim Setzen hilft. Bei einem Folienteich verwenden Sie Reststücke der Folie oder Vlies und befestigen die Steine mit Mörtel darauf. Entfernen Sie mit einer Drahtbürste regelmäßig Algen von allen Trittflächen.

Holz

Holz ist ein gutes Material für Trittsteine, wenn Sie sorgfältig Schleim und Algen von der Oberfläche entfernen. Wo Sie große Rundhölzer in sumpfigem Boden abstützen können, sollten Sie Hühnerdraht darauf anbringen, um das Rutschrisiko zu verringern. Schön sehen Teile von Baumstämmen aus Nadelholz aus, die in Beton gebettet werden, damit sie nicht davonschwimmen. In flachen Waldteichen halten sie einige Jahre lang.

LICHT

Eine Beleuchtung passt hervorragend zu einem Teich, da er eine ganz neue Dimension erhält, wenn natürliches Licht in künstliches übergeht. Wie alle elektrischen Geräte, die in der Nähe von Wasser betrieben werden, sollten Sie auch Lichtquellen von einem professionellen Elektriker einbauen lassen und nur zugelassenes Zubehör und Anschlüsse verwenden.

Beleuchten Sie die Teichumgebung von unten mit gedämpftem Licht, wenn Sie im Garten Grillabende und Partys veranstalten. Strahlt das Licht weit über den Teich hinaus, werden die Umrisse und Schatten schärfer und erscheinen sogar dreidimensional, wenn die Lichter sowohl im Vordergrund als auch im Hintergrund angebracht sind.

Künstliches Licht ersetzt das Tageslicht nicht nur einfach, sondern es schafft auch die Gelegenheit, Licht aus einer ganz anderen Richtung und mit einem ganz anderen Winkel einfallen zu lassen, z.B. von einem versteckt in Bodennähe angebrachten Scheinwerfer, der ein spezielles Element des Teiches betont. Zurückhaltung und vorsichtige Platzierung lauten die Schlagworte für eine erfolgreiche Beleuchtung. Benutzen Sie nicht zu viele verschiedene Farben und Arten von Lampen. Der technische Fortschritt macht es möglich, dass neue Techniken wie Faseroptik und Laserbeleuchtung häufiger eingesetzt werden. Doch das einfache Vergnügen, eine kleine Wasserfontäne von seinem Lieblingsfenster aus beleuchtet zu sehen, ist immer noch das Schönste an einer Beleuchtung.

Tipp

- Farbscheiben gibt es in vielen verschiedenen Farben, doch ist weiß am beliebtesten und wirkt auch besser als eine Farbmischung. Bernsteinfarbene Linsen lassen den Wasserstrahl von Kieselsteinbrunnen zwar wie Feuer aussehen, doch wirken Blätter dadurch farblos.
- Wählen Sie für Lampengehäuse einen möglichst gedämpften Farbton, sodass man sie bei Tag nicht sieht. Schwarz ist im Garten die ideale Farbe für Lampengehäuse.
- Wasserspeier, vor allem Masken und Fratzen kommen besser zur Geltung, wenn sie durch einen dünnen Lichtstrahl betont werden, der nur die Maske trifft, nicht aber die Umgebung. Kommt das Licht von unten, sieht es so aus, als ob es sich den Wasserstrahl entlang bewegt.

Beleuchtung von unten und Scheinwerfer

Experimentieren Sie außerhalb des Teiches mit einer Beleuchtung von unten, z.B. mit einer kräftigen Taschenlampe oder einem Scheinwerfer an einer langen Leitung. Suchen Sie sich Ihren liebsten Aussichtspunkt, normalerweise etwa in Sesselhöhe, und wählen Sie die Elemente oder Pflanzen am Teich, die sie auf diese Weise beleuchten wollen. Manche Pflanzen, die bei Tageslicht vielleicht langweilig aussehen, zeigen sich dadurch von einer ganz neuen Seite und Solitärpflanzen wie *Gunnera*, Medizinalrhabarber (*Rheum palmatum*) und viele Uferbäume sehen fantastisch aus. Da es im Winter so viel dunkler ist, beleuchten Sie nach Möglichkeit keine Pflanzen, die nur im Sommer interessant aussehen.

Spiegelungen erzeugen

Spiegelungen galten schon immer als eine der attraktivsten Eigenschaften von Wasser. Eine Beleuchtung verstärkt die ohnehin dramatische Wirkung von Pflanzen, Statuen und Vasen noch, indem sie diese im tiefschwarzen Wasser spiegelt. Hohe oder herabhängende Pflanzen am entfernten Teichufer spiegeln sich auf dem Wasser. Selbst kleine Wellen auf der Wasseroberfläche schaffen noch eine interessante Spiegelung. Beleuchten Sie das Objekt wiederum von unten, sodass sich die Lichtquelle nicht im Wasser spiegelt. Scheinwerfer bauen Sie am besten nur unter Wasser ein.

Unterwasserbeleuchtung

Wie in einem Swimmingpool wirkt eine Unterwasserbeleuchtung auch im tiefen Wasser eines Teiches geheimnisvoll. Die aufregendsten Möglichkeiten sind hier, einen Springbrunnen oder die Strudel unter einem Wasserfall so zu beleuchten, dass ihre Bewegung die dunkle Umgebung beherrscht. Es ist nicht so einfach, mit einer Unterwasserbeleuchtung erst einmal herumzuspielen, bevor man Lampen kauft, da die nötige Isolierung und Sicherheitsvorkehrungen Experimente praktisch unmöglich machen. Nach den Sicherheitsvorschriften darf diese Art der Beleuchtung nur mit Niederspannung betrieben werden. Den-

Gegenüberliegende Seite: Eine Farbscheibe vor dem zwischen Steinen verborgenen Strahler verstärkt die dramatische Wirkung dieses Wasserspeiers.
Oben: Verwenden Sie Linsen mit dünnen Strahlen und eine sehr helle Unterwasserbeleuchtung, um Schmuckelemente anzustrahlen, ohne dass zugleich die Mauer in helles Licht getaucht wird.

noch gleicht das im Vergleich zu traditionellen Glühbirnen hellere Licht kleiner Halogenlampen die fehlende Spannung fast wieder aus.

5 TIERLEBEN IM TEICH

Jeder Teich zieht Tiere geradezu magisch an.
Je natürlicher er gestaltet ist, umso mehr
Vögel, Frösche und Insekten stellen sich ein.
Durch einige einfache Maßnahmen bei der
Planung und Bepflanzung wird jeder Teich zu
einem Tierparadies. Das Hauptproblem ist
der Abstand zwischen der Wasserfläche und
der Einfassung. Amphibien können diese
Stufe nur schwer überwinden, wenn die
Einfassung über das Wasser hinausragt.
Zierfische fühlen sich im Wasser wohl, wenn
Sie den Teich entsprechend planen und aus-
statten. So verleihen Sie dem Wassergarten
eine ganz neue interessante Dimension.

EIN NATURTEICH FÜR TIERE

Grundsätzlich fühlen sich Fische, Frösche, Insekten und andere Tiere in einem naturnahen Teich am wohlsten. Wer viele Tierarten anlocken möchte, sollte bei der Wahl des Standortes und der Planung des Teiches ihre speziellen Bedürfnisse berücksichtigen.

Standort

Bauen Sie Ihren Teich am besten neben bereits existierenden, größeren Pflanzen, damit sich auch scheue Tiere dorthin wagen, und Sie sollten ihn von einem Fenster aus sehen können. Planen Sie Raum für eine Sumpfzone neben dem Teich ein, die Würmern und anderen wirbellosen Tieren, die unter Wasser nicht überleben, einen Lebensraum bietet. Außerdem haben so Frösche und Kröten eine „Speisekammer" ganz in der Nähe.

Gestaltung

Der Teich sollte eine möglichst natürliche Form haben, also keine verspielten Umrisse oder lange gerade Linien aufweisen. Er muss mindestens 45 cm tief sein, am besten sind 60 cm am tiefsten Punkt, mit verschiedenen Abstufungen, die schließlich zu einem flachen Strand führen (siehe Seite 58–59).

Auf dem Teichgrund sollte eine 10 bis 15 cm dicke Schicht Erde liegen, sodass wirbellose Tiere im Schlamm überwintern können. Außerdem sorgt eine angemessene Zahl von Unterwasserpflanzen dafür, dass Tiere dort ihre Eier ablegen können und Larven und andere Entwicklungsstufen geschützt sind. An den Ufern sollten Steine oder Felsen liegen, sodass sich Tiere im Winterschlaf darunter vergraben können.

Bepflanzung

Ein Teil des Ufers muss dicht bepflanzt sein. Die Bepflanzung sollte zum großen Teil aus einheimischen Pflanzen bestehen, von deren Blüten sich wiederum Insekten ernähren. Die Uferpflanzen sollten viele aus dem Wasser herauswachsende Blätter besitzen, wie die Schwertlilie. So können die Larven von Libellen und anderen geflügelten Insekten aus dem Wasser klettern und sich auf den trockenen Blättern der Pflanze zu erwachsenen Tieren entwickeln.

Links: Erwachsene Frösche können mit Fischen zusammenleben. Damit die Kaulquappen nicht gefressen werden, legen Sie einen zusätzlichen Teich als „Froschkindergarten" an.

Pflege

Vermeiden Sie übertriebene Hygiene im und am Teich. Abgestorbene Blätter sollten im Winter an den Pflanzen hängen bleiben (solange sie nicht ins Wasser fallen). So finden Tiere Schutz zu einer Jahreszeit, in der sie leicht angreifbar sind.

Das Einsetzen von Fischen

Zierfische wie z.B. Koi-Karpfen wirken in einem natürlichen Tierteich nicht nur fehl am Platz, sie haben eine schädliche Auswirkung auf die natürliche Nahrungskette, da sie in allen Teichzonen den Lebensraum zerstören. Wenn jemand in Ihrem Teich Pflanzen entwurzelt, dann sind dies garantiert die Kois, und wenn Sie eine Schlammschicht angelegt haben, wirbeln sie diese ständig auf.

Das andere große Problem, das große Zierfische im natürlichen Tierteich mit sich bringen, ist ihr Appetit auf jegliches Leben im Wasser, z.B. auch auf Kaulquappen. Wenn die Fische klein (kürzer als 8 cm) sind, ist ihr Maul noch nicht groß genug, um größere Nahrung zu verschlingen und ihr Einfluss auf die Nahrungskette hält sich noch in Grenzen. Es ist daher ratsam, einheimische Fische in den Teich zu setzen, da sie sich besser mit vielen anderen Teichbewohnern vertragen.

Unten: Eine gemischte Fischbevölkerung sieht schön aus und hält Schädlinge in Schach. Probleme können entstehen, wenn Fische wie Koi-Karpfen das Gleichgewicht im Teich stören.

FISCHTEICHE

Einige Wassergärtner legen nur deshalb einen Teich an, weil sie Fische halten wollen, und dieses Vorhaben beeinflusst natürlich seine Gestaltung. Für andere Wassergärtner sind Fische dagegen ein Pluspunkt, der den Teich interessanter macht und Bewegung und Farbe hineinbringt. Außerdem helfen Fische bei der Bekämpfung von Schädlingen. So fressen z.B. Orfe sämtliche Mückenlarven, die unter der Wasseroberfläche schwimmen. Stehende Wasserflächen locken diese Insekten in Massen an, aber die Fische sorgen dafür, dass Mücken nicht mehr in Ihr Haus einfallen. Außerdem fressen Fische die Larven von Pflanzenschädlingen.

Der Fischbestand

Ein Teich verträgt nur eine begrenzte Zahl Fische. Durch ihre Kiemen scheiden die Tiere giftiges Ammoniak aus, das schädlich sein kann, wenn zu viele in einem kleinen Teich gehalten werden. In einem gesunden, ausgewogenen Teich mit vielen Pflanzen ernähren sich Bakterien von dem Ammoniak und wandeln es in nützliche Nitrate um. Diese werden wiederum von Sauerstoff liefernden Unterwasserpflanzen benötigt. Teiche mit Filteranlage und Pumpe können einen viel größeren Fischbestand enthalten. Die Höchstzahl der Fische hängt von der Wasserfläche eines stehenden Teichs ab, abzüglich des Raums, den die Uferpflanzen einnehmen. Wenn Sie den Teich schon länger haben und in letzter Zeit kein Wasser mehr nachgefüllt haben, sollten 5 cm Fischlänge pro 0,09 m^2 Oberfläche als Obergrenze gelten. Bei einem neu angelegten Teich lassen Sie zuerst Wasser ein, setzen Pflanzen ein und warten dann mindestens 4 bis 6 Wochen. Danach kalkulieren Sie in etwa mit dem halben Wert.

Wasserprobe

Frisch eingesetzte Fische könnten in einem neuen Betonteich Probleme bekommen, wenn der Teich nicht abgedichtet wurde oder das Wasser zweimal gewechselt wurde, um den überflüssigen Kalk vom Zement zu entfernen. Dann ist das Wasser sehr alkalisch. Fische sind normalerweise anpassungsfähig und werden mit den meisten Veränderungen in ihrer Umwelt fertig, doch eine schnelle und schwer wiegende Veränderung der Wasserzusammensetzung fordert Schwierigkeiten geradezu heraus. Es gibt einfache Fertigsätze, mit denen man das Wasser testen kann. Es sollte leicht sauer oder neutral sein.

Links: Große Fische sollten einzeln in Tüten mit etwas Wasser und Sauerstoff transportiert werden. Die Tüten wiederum stehen in einer Schachtel. Zwei größere Fische in einem Behälter könnten sich gegenseitig verletzen.

Frisches Leitungswasser ist häufig kalkhaltig und daher alkalisch. Nach einigen Wochen im Teich wird es saurer, besonders nach heftigen Regengüssen, da Regen saurer als Leitungswasser ist.

Der Fischkauf

Am besten kauft man Fische, wenn sie 8 bis 13 cm lang sind. Größere Tiere sind nicht nur teurer, sondern leben sich viel schwerer in ihrer neuen Umgebung ein. Besonders empfindlich sind Fische in der ersten Zeit, nachdem sie in den Teich gesetzt wurden. Sie verletzen sich dann leicht und werden anfällig für Pilzinfektionen. Sehr kleine Fische dagegen sind oft nicht stark genug, um in einer neuen Umgebung zu überleben, besonders im Herbst, wenn sie Gewicht für den Winter zulegen müssen. Ein gesundes Gleichgewicht des Lebens in Ihrem Teich erreichen Sie besser mit mehreren kleinen Fischen als mit wenigen großen, da diese mit ihren großen Mäulern andere wichtige Glieder der Nahrungskette fressen können.

Die beste Zeit für den Fischkauf ist das späte Frühjahr oder der Sommer, wenn die Wassertemperatur nicht unter 10 °C liegt. Nehmen Sie Fische mit klaren Augen und keinem Anzeichen von beschädigten Schuppen oder den weißen Flecken einer Pilzinfektion. Die große Rückenflosse des Fisches sollte aufrecht stehen und der Fisch darf nicht träge erscheinen.

Transport

Wenn Sie die Fische von weither holen, nehmen Sie eine passende Schachtel mit, falls der Fischhändler Ihnen die Tiere in durchsichtigen Tüten übergibt. Stellen Sie die Tüte in die Schachtel und schließen Sie den Deckel, damit die Fische im Dunkeln sind. Gute Fischhändler haben Sauerstoffzylinder, sodass sie die Tüten mit reinem Sauerstoff auffüllen können, bevor sie sie verschließen.

Wenn Sie am Teich angekommen sind, lassen Sie die Tüte etwa eine Stunde auf der Wasseroberfläche schwimmen, dass sich die Wassertemperatur in der Tüte an die des Teichwassers anpassen kann. Nach einer Stunde können Sie die Tüte öffnen und vorsichtig ausbreiten, damit die Fische hinausschwimmen.

Tipp

Halten Sie beim Fischkauf nach gedämpften Farben Ausschau. Dies bedeutet oft, dass die Fische einige Zeit in Quarantäne waren und deshalb nicht so anfällig für Krankheiten sind. Fische mit leuchtenden Farben sind meist gerade erst importiert worden und deshalb empfindlicher.

FISCHHALTUNG

Damit Ihre Fische gesund bleiben, müssen Sie etwas über deren grundlegende Bedürfnisse wissen, besonders da einige Arten eine hohe Lebenserwartung haben. So können z.B. Koi-Karpfen 70 Jahre alt werden. Wie viel Platz und welche Wassertiefe ein Fisch benötigt, hängt von der jeweiligen Art ab. Am meisten Platz brauchen Kois, für die eine Wassermenge von mindestens 10000 Litern und eine Wasseroberfläche von mindestens 20 m² ideal ist. Da viele Teiche erheblich kleiner sind, benötigen große Fische wie Kois zusätzliche Filteranlagen. Goldfische passen sich besser an kleine Teiche an, wachsen dann aber nicht zu ihrer vollen Größe heran.

Außer Platz zum Wachsen ist genug Sauerstoff lebenswichtig für Teichfische. Bei Tageslicht nimmt das Teichwasser durch die Wasseroberfläche und die Blätter von Unterwasserpflanzen Sauerstoff auf. Kaltes Wasser kann dies besser als warmes. Bei sehr warmem Wetter können Sie den Sauerstoffgehalt erhöhen, indem Sie das Wasser vorsichtig umrühren oder durch einen Springbrunnen oder Wasserfall in Bewegung bringen. Da Unterwasserpflanzen bei Dunkelheit selbst Sauerstoff verbrauchen, kann es im Hochsommer in den Stunden vor der Morgendämmerung zu Sauerstoffmangel kommen.

Der Sauerstoffgehalt kann im Sommer auch gefährlich niedrig werden, wenn das Wetter lange schön war, denn bei Sonnen-

einen schweren Schock hervor und wenn Sie bei heißem Wetter kleine Teiche mit einer großen Menge kaltem Leitungswasser auffüllen, kann dies die Wassertemperatur um mehrere Grad herabsetzen. Wenn bei heißem Wetter die Wassertemperatur in einer Stunde auch nur um 4 °C abfällt, können junge Fische oder Laich daran sterben.

Futter

Dieser Faktor hat den größten Einfluss auf die Gesundheit von Zierfischen. Wenn ein Teich groß ist und viele Nischen und Spalten für anderes Unterwassergetier enthält, brauchen die Fische nur wenig zusätzliches Futter. Fische benötigen viel Protein und fressen gerne die Eier und Larven anderer Teichbewohner. In einem kleinen Teich ist diese Nahrungsquelle bald erschöpft, besonders wenn Sie viele Fische halten. Für einen angemessenen natürlichen Nahrungsvorrat brauchen Sie nicht nur einen großen Teich, sondern auch viele Pflanzen und verschiedene Flächen, auf denen sich Algen und Kleintiere ansiedeln können.

Wenn sie nicht genug natürliches Futter haben, können Sie den Fischen zusätzlich Protein in verschiedenen Formen geben: Kügelchen oder Flocken, gefriergetrocknet, schwimmend und gefroren. Die Hauptgefahr besteht in einer Überfütterung mit einer bestimmten Sorte Futter, denn übrig gelassenes Futter sammelt sich und verfault und fördert so die Ausbreitung von Pilzen. Schwimmendes Fischfutter hat den Vorteil, dass man es sieht, wenn die Fische es nicht fressen.

Wie viel Sie füttern müssen, erkennen Sie daran, ob 10 bis 15 Minuten nachdem Sie Futter aus-

schein vermehren sich schwimmende Fadenalgen rapide und halten das Licht von den Unterwasserpflanzen ab. Mit wie wenig Sauerstoff Fische überleben können, ist von Art zu Art unterschiedlich.

Doch auch sehr kaltes Wetter kann Fischen zum Verhängnis werden. Während die meisten Kaltwasserfische den Winter im trägen Zustand auf dem Teichgrund überdauern, werden Fische in flachen Teichen oder gemauerten Teichen in längeren Frostperioden ernsthaft geschwächt, da sie giftige Gase wie Methan aufnehmen. Dieses Gas entsteht durch den Zerfall organischer Stoffe. Es wird normalerweise über die Wasseroberfläche an die Luft abgegeben, doch in strengen Wintern ist es unter einer Eisschicht gefangen. Plötzliche Schwankungen in der Wassertemperatur rufen bei Fischen

Tipp

- Wenn ein Teich groß und tief genug für Grund- und Oberflächenbewohner ist, können Sie gut mehrere Arten gemeinsam halten. Fische, die sich lieber an der sauerstoffreichen Oberfläche aufhalten, wie z. B. Orfe, werden Mückenlarven unter Kontrolle halten, während die Bodentiere sich von Abfällen ernähren.
- Schockgefrorenenes „Lebendfutter" gibt es in kleinen Packungen im Fachhandel. Es ergänzt die tägliche Nahrung hervorragend.

gestreut haben, noch etwas übrig ist. Wenn möglich, füttern Sie die Fische zweimal täglich zur selben Zeit und an derselben Stelle. So werden die Fische leichter zahm und fressen Ihnen vielleicht sogar aus der Hand. Lebendfutter bereichert die Ernährung und Fischhändler haben manchmal Vorräte winziger Wasserlebewesen wie Wasserflöhe und Hüpferlinge.

Im Herbst und Frühjahr ist das Füttern ganz besonders wichtig, damit sich die Fische Winterspeck anfressen, bzw. den Gewichtsverlust des Winters ausgleichen können. Mit dem Füttern sollten Sie aufhören, wenn die Temperatur auf etwa 10 °C gefallen ist. Reduzieren Sie das Futter bei kaltem Wetter langsam, indem Sie den Fischen Weizenkeimkügelchen statt eiweißhaltiger Nahrung geben. In gemäßigten Wintern gibt es häufig milde Abschnitte, in denen die Fische aktiv werden und hungrig scheinen. Füttern Sie sie jedoch trotzdem nicht, da Fische bei niedrigen Temperaturen das Futter nicht verdauen können und es so unverdaut in ihren Mägen bleibt. Wenn Sie sie unbedingt füttern wollen, geben Sie ihnen nur Weizenkeime.

Fischzucht

Gesunde erwachsene Fische dürften sich in einem ausgewogenen Teich ohne Probleme vermehren, vorausgesetzt, dass sie die erforderliche Größe erreicht haben. Diese beträgt bei Goldfischen etwa 13 cm und bei Kois und Orfen 25 bis 30 cm. Damit die Fische ihre Jungen nicht auffressen, müssen im Teich genug Sauerstoff liefernde Pflanzen mit kleinen Blättern wachsen. Dort kann der Laich liegen und der Nachwuchs ausschlüpfen.

Die Auswahl der Fische

So wie die Wahl der Pflanzen von Art und Gestaltung des Teiches abhängt, passen auch bestimmte Fischarten am besten zu bestimmten Teichen. Naturnahe Teiche eignen sich wie gesagt am besten für einheimische Fischarten, während die Gestaltung eines Zierteiches die Farbe und Größe seiner Bewohner bestimmt. Auch die Tiefe des Teiches spielt eine wichtige Rolle bei der Auswahl der Fische. Ein flacher Teich wäre für Kois völlig ungeeignet, denn diese benötigen eine Wassertiefe von mindestens 1 m. Für Orfe wäre eine solche Tiefe unnötig, denn sie halten sich am liebsten im flachen Wasser auf. Auch das Klima ist wichtig – selbst relativ robuste Arten wie Goldfische haben Unterarten, die bei niedrigen Wassertemperaturen nicht gedeihen.

Die hier vorgestellten Fische gehören zu den weit verbreiteten und bewährten Arten, die dem

Gegenüberliegende Seite:
Im Sommer schützen Seerosenblätter Fische vor Reihern und spenden Schatten. Bedecken Sie ihre Wurzeln mit Steinen, sodass größere Fische sie nicht zerstören können.
Oben: Die Blattform und Blütenfarbe der Seerosen wird durch die Bewegung der Fische in diesem dunklen Wasser hervorragend ergänzt.

Wassergärtner kaum Probleme bereiten dürften. Ein abenteuerlustigerer Fischhalter ist mit den ausgefallenen Goldfischarten wie Löwenkopf, Oranda und Himmelsgucker gut beraten. Da das Interesse an Fischteichen zunimmt, sind nun auch immer mehr einheimische Fischsorten erhältlich. Diese kann man wegen ihrer schlichten Erscheinung im Teich nicht so leicht entdecken. Exotischere Fische dagegen sind leichter zu sehen.

Schleierschwanzgoldfisch

Gewöhnliche Goldfische, die etwa zehn Jahre alt werden, sind meistens orange-rot und gedeihen in allen Tiefen. Sie werden etwa 15 cm groß und können unterschiedliche Wassertemperaturen ertragen. Goldfische oder Shubunkins mit Schleierschwanz sind attraktive Ergänzungen des Fischbestandes. Sie haben eine ungewöhnlich lange doppelte Schwanzflosse und einen runderen Körper als der gewöhnliche Goldfisch. Durch ihre Form und Flosse werden sie im Wasser langsamer und sind leichte Beute für Fischräuber. Sie werden selten größer als 20 cm und sind weniger robust als gewöhnliche Goldfische. Wenn die Temperatur im Herbst unter 15 °C abfällt, nimmt man sie am besten aus dem Teich und setzt sie bis zum Frühjahr in ein unbeheiztes Aquarium.

Koi-Karpfen

Kois gehören alle derselben Gattung an, ihre Namen erhalten sie von ihrer Färbung, die von schwarzen, weißen, roten und gelben Farbzellen herrührt. Da ein Fisch mehrere Farben haben kann, bestehen manche Namen aus drei bis vier Wörtern. Kois eignen sich nicht für kleine Teiche, da sie bis zu 60 cm groß werden. Da sie stets hungrig sind und häufig Pflanzen fressen, benötigen größere Exemplare ein gutes Filtersystem, das mit ihren Ausscheidungen fertig wird. Sie fressen in allen Tiefen und bevorzugen Temperaturen von 4 bis 20 °C.

Goldorfe

Dieser einheimische Zierfisch hat einen orangefarbigen Rücken mit golden glänzenden Schuppen. Er ist sehr aktiv und stellt daher einen schönen Kontrast zu trägeren Fischen wie Goldfischen oder Kois dar.

Er hält sich hauptsächlich direkt unter der Wasseroberfläche auf, wo er nach Insekten Ausschau hält. Die Goldorfe lebt in Schwärmen, deshalb bietet es sich an, mindestens vier Exemplare zu halten und diesen einen großen Bewegungsraum zu geben – mindestens 4,5 m². Sie bevorzugen sauerstoffreiches Wasser und leiden in heißen Sommernächten als Erste. Auch längere Kälteperioden mögen sie nicht und leiden, wenn die Wassertemperatur länger bei 1 bis 2 °C liegt. Wirbeln Sie deshalb das warme Wasser, das sich in längeren Kältezeiten am Teichgrund sammelt, nicht auf. Orfe wühlen nicht wie Goldfische oder Kois am Teichgrund und ernähren sich von tierischem Plankton, Wasserinsekten, jungen Fischen, Kaulquappen, Algen und einigen Wasserpflanzen. Sie werden 30 bis 50 cm groß und 15 bis 20 Jahre alt. Mit etwa drei Jahren sind sie fortpflanzungsfähig. Junge Orfe kann man anhand ihrer kurzen Rückenflosse von Goldfischen unterscheiden.

Links oben: Die Farben und Muster der Koi-Karpfen wirken unwahrscheinlich attraktiv, besonders wenn sie zur Fütterungszeit im Wasser herumflitzen.
Oben: Orfe mögen das sehr sauerstoffreiche Wasser am Fuß eines Wasserfalls. Von oben sehen sie elegant aus, am besten wirken sie jedoch in Schwärmen.

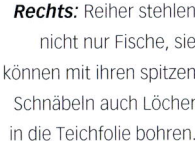

Rechts: Reiher stehlen nicht nur Fische, sie können mit ihren spitzen Schnäbeln auch Löcher in die Teichfolie bohren.

SCHÄDLINGE UND KRANKHEITEN

Schädlinge

Reiher

Das größte Problem für den Halter von Zierfischen ist der Fischverlust durch Reiher. Reiher sind langlebige Vögel, die sich ihr Futter aus Feuchtgebieten und Teichen holen. In der Nähe von Wasser sind sie ein häufiger Anblick: Sie stehen auf einem Bein, haben die Augen scheinbar halb geschlossen und den Kopf nach hinten auf ihren Flügelansatz gelegt. Ohne Vorwarnung stoßen sie mit ihren dolchartigen Schnäbeln auf arglose Opfer im flachen Wasser herab. Wenn sie erst einmal Zierfische in einem Teich als Nahrungsquelle erkannt haben, jagen sie diese erbarmungslos und mit großer Tücke. Sie in Schach zu halten ist nicht leicht, da sich viele Gegenmaßnahmen wie z.B. Köder als wirkungslos erwiesen haben. Es gibt einen patentierten Reiherschutz, der so funktioniert: Der Reiher zieht an einer unauffälligen Leine und löst dadurch einen Mechanismus aus, der einen kleines Netz löst. Wenn dieser Apparat oder die Leinen um den Teich herum nicht helfen, müssen Sie vielleicht ein Plastikgitter über der Wasserfläche anbringen.

Rückenschwimmer

Dies ist ein häufig auftretender Wasserkäfer, der schon die kleinste Bewegung auf der Wasseroberfläche ausmachen kann. Folglich entkommt ihm kaum ein kleines Lebewesen. Obwohl er selbst relativ klein ist (1,7 cm), kann er kleine Fische umbringen, in dem er sie mit seinem giftigen Mundwerkzeugen beißt.

Links: Obwohl erwachsene Libellen schön aussehen, sind ihre Nymphen in Fischteichen eine echte Plage, da sie kleine Fische fressen.

Rechts: Zur Fütterungszeit kann man gut überprüfen, ob die Fische auch gesund sind.

Er sieht aus wie ein Boot, wobei sein Körper den Schiffsrumpf und sein drittes Paar Beine die Ruder darstellen. Seinen Namen hat er von seiner Angewohnheit, auf dem Rücken zu schwimmen. Er ist nicht leicht zu bekämpfen, da erwachsene Tiere an Sommerabenden von Teich zu Teich fliegen können. Wenn junge Fische scharenweise getötet werden, ist ein Netz über dem Teich die einzige Lösung.

Wasserskorpion

Diese Tiere sehen aus wie Skorpione, sind allerdings nicht mit diesen verwandt. Sie werden etwa 2,5 cm lang und leben im flachen Wasser, bewegen sich jedoch kaum. Da sie nicht gut schwimmen können, warten sie lieber ab, bis ihre Beute zu ihnen kommt. Wenn ein kleiner Fisch vorbeischwimmt, packt der Wasserskorpion das Opfer mit seinen zangenartigen Vorderbeinen und hält es fest, während er es mit seinen scharfen Mundwerkzeugen durchbohrt und tötet. Er atmet wie mit einem Schnorchel durch sein stachelartiges Rückgrat am Ende seines flachen ovalen Körpers. Die einzige Bekämpfungsmöglichkeit ist strenge Sauberkeit im Teich. Wenn man die schmalen ovalen Atemöffnungen an der Wasseroberfläche sieht, kann man das Tier mit der Hand herausnehmen.

Gelbrandkäfer

Dieser häufig auftretende große Käfer verbringt den Großteil seines dreijährigen Lebens im Wasser. Von anderen Insekten unterscheidet er sich durch seine harten Flügeldecken, die seine empfindlichen Hinterflügel schützen. Er kann wild zubeißen und dadurch neben Wassermolchen und Kaulquappen auch kleine Fische töten. Er wird 5 cm lang und sein Rumpf ist dunkelbraun mit einem auffälligen gelben oder goldenen Rand. Seine Larven ähneln denen der Libelle, sind jedoch kleiner und werden nur 4 cm lang. Die Käfer fliegen bei Nacht, sodass sie leicht zu anderen Teichen reisen können, auf denen sie landen und mit ihren flachen und langen Hinterbeinen schwimmen. Zum Atmen schwimmen die Larven mit dem Schwanz voraus an die Ober-

fläche und halten ihn aus dem Wasser, um Luft in ihre Atemöffnungen zu saugen. Erwachsene Tiere speichern Luft in ihren Flügeldecken. Ihre Bekämpfung ist schwierig, Sie können die Tiere eigentlich nur mit einem Netz aus dem Wasser fischen.

Libellenlarven

Diese Tiere können bis zu fünf Jahre als Nymphen unter Wasser verbringen und werden dann für eine Zeit von 1 bis 2 Monaten zu schönen Erwachsenen. Die skorpionartigen Nymphen greifen kleine Fische an und verbringen die meiste Zeit lauernd auf dem schlammigen Teichgrund. Sie fangen ihre Beute, indem sie ihre „Maske" hervorschnellen lassen, eine Verlängerung ihres Unterkiefers, die ähnlich wie die Scheren eines Hummers aussieht. Sie verpuppen sich nicht und wenn sie erwachsen werden, klettern sie ganz einfach an einem Pflanzenstängel aus dem Wasser, häuten sich, lassen ihre Flügel trocknen und fliegen als erwachsene Libellen davon. Ihre Bekämpfung ist schwierig, Sie müssen die Nymphen mit der Hand herausnehmen.

Fischparasiten

Viele winzige Parasiten greifen Fische an und verursachen Lethargie, Appetit- und Gewichtsverlust und Reiben am Teichgrund. Die Flossen werden unter Umständen beschädigt und infizierte Fische sondern so viel Schleim ab, dass ihre Atmung beeinträchtigt wird. Die meisten Parasiten sind mit bloßem Auge nicht zu erkennen, doch die größten sind Hakenwürmer, Fischegel und Karpfenläuse. Bekämpfen kann man sie mit Fisch-Medikamenten und Antiseptika.

Fischkrankheiten

Schimmelpilze

Dies ist eine der häufigsten Krankheiten, die alle Arten von Fischen befällt. Fische sind empfindlicher, wenn sie durch Stress, Verletzungen oder Infektionen geschwächt sind. Pelzartiges Gewebe wächst überall, besonders dort, wo schon eine Verletzung vorhanden war. Fischhändler bieten eine Reihe von Medikamenten an.

Weißfleckenkrankheit

Auch diese Krankheit tritt relativ häufig auf, besonders bei neu gekauften Fischen. Wie der Name andeutet, treten am ganzen Körper weiße Flecken auf, die ähnlich wie Salzkörner aussehen. Die Fische reiben sich am Teichboden, um den Juckreiz, den die Flecken auslösen, zu mildern. Im Fachhandel sind verschiedene Medikamente erhältlich, mit denen Sie den ganzen Teich behandeln können.

Flossen- oder Körperfäule

Davon sind hauptsächlich Fische mit großen Zierflossen betroffen, wie Goldfische oder Shubunkins. Die kranke Stelle ist zerfleddert und blutunterlaufen und wird häufig von einer sekundären Pilzkrankheit befallen. Sie müssen den Fisch mit einem weichen Netz fangen und die betroffenen Teile der Flosse mit einer scharfen Schere entfernen. Behandeln Sie die Schnittwunden danach mit einem Pilzmittel wie Methylenblau.

6 BEPFLANZUNG

Wasserpflanzen erfüllen zwei Aufgaben: Sie sorgen für klares Wasser und verschönern den Teich mit ihren Blättern und Blüten. Damit bei der Zusammenstellung der Pflanzen beide Funktionen berücksichtigt werden, müssen Sie verschiedene Wasserpflanzen sorgfältig aufeinander abstimmen – von den kleinen unscheinbaren Unterwasserpflanzen bis hin zu den größeren und auffälligeren Uferpflanzen. Teichpflanzen leiden nie unter Wassermangel und wachsen deshalb sehr schnell. Widerstehen Sie daher der Versuchung, zu viele Pflanzen einzusetzen und bedenken Sie deren endgültige Größe im Verhältnis zur Teichgröße.

BEZUGSQUELLEN FÜR WASSER-PFLANZEN

Da die meisten im Handel erhältlichen Wasserpflanzen einheimische Pflanzen sind, geraten viele Teichbesitzer in Versuchung, örtliche Naturteiche zu plündern, um Geld zu sparen. Etliche Gründe sprechen jedoch dagegen – allen voran der, dass es verboten ist, bestimmte Pflanzen auszugraben. Natürliche Feuchtgebiete werden immer seltener und bieten vielen verschiedenen Tieren einen Lebensraum. Wenn Sie einfach Pflanzen entfernen, gefähr-

det dies immer mehr Arten von Lebewesen.

Auf wild lebenden Wasserpflanzen haben sich unweigerlich Schneckeneier, Algen und häufig auch die winzigen Blätter der Wasserlinse angesiedelt. Diese breiten sich mit Furcht erregender Geschwindigkeit aus, wenn sie in einen neuen Teich gebracht werden, wo es noch kaum andere Lebewesen gibt. Außerdem eignen sich die mitgenommenen Pflanzen vermutlich

überhaupt nicht für einen kleinen Teich und beschädigen vielleicht sogar die Teichfolie. Ein typisches Beispiel hierfür sind Rohrkolben (*Typha* sp.), manchmal auch Schilf genannt. Die Wurzeln dieser wuchernden Pflanze haben scharfe Spitzen an ihren Wurzeln, die sehr leicht Löcher in Folien bohren können.

Pflanzen aus der Gärtnerei sind dagegen aus Samen oder durch Techniken, die den Bestand der Pflanzen nicht bedrohen, gezogen worden. Außerdem bringen sie nicht so leicht schädliche Organismen in den neuen Teich. Die Pflanzenbeschreibungen verraten Ihnen häufig Einzelheiten über Blütezeit, optimale Wassertiefe und die maximale Ausdehnung und Höhe der Pflanze.

ZUSAMMEN-STELLUNG DER PFLANZEN

An erster Stelle einer jeden Anlage stehen Pflanzen, die für gesundes und klares Wasser sorgen. Ein Teich ohne Pflanzen wird im Sonnenlicht schnell grün, da dann winzige einzellige Grünalgen wachsen. Diese Algen ernähren sich von Mineralien im Wasser, die in einem neuen, frisch mit Leitungswasser gefüllten Teich meist reichlich enthalten sind. Dagegen helfen zwei Arten von Pflanzen: Unterwasserpflanzen, die sich von den Mineralien ernähren und so die unerwünschten Organismen verhungern lassen, und Schwimmpflanzen, die das Licht abhalten und dadurch die Algen zusätzlich schwächen.

Viele dieser Wasserpflanzen bestechen durch ausdrucksvolle Formen und üppigen Wuchs.

Viele wuchernde Wasserpflanzen können Sie durchaus auch in kleinen und mittelgroßen Teichen ziehen. Setzen Sie sie dazu in spezielle Wasserpflan-

zenkörbe und teilen Sie sie häufig. So können Sie eine größere Menge verschiedener Pflanzen auf begrenztem Raum halten. Achten Sie stets darauf, Blattformen und Farben so gut wie möglich zu nutzen, denn bei den meisten Wasserpflanzen gemäßigter Breiten sind Blütengröße und -farbe nicht besonders auffällig. Bei der Zusammenstellung Ihrer eigenen Wunschliste leisten Besuche in Gärtnereien, Gartenanlagen und auf Gartenschauen wertvolle Dienste. Dort erfahren Sie, wie die Pflanzen zu verschiedenen Jahreszeiten aussehen. Es ist nicht so leicht, das Erscheinungsbild eines Teiches das ganze Jahr über interessant zu halten, denn die meisten Wasserpflanzen sterben im Winter ab und lassen strohfarbene verwelkte Blätter zurück.

Zierteiche müssen anders bepflanzt werden als naturnah gestaltete Teiche. Dies gilt sowohl im Wasser als auch an den Ufern.

In beiden Fällen werden gerne Seerosen genommen, doch liegt bei Zieranlagen ein größerer Akzent auf der Farbe.

Die Bepflanzung von Zierteichen

Die Einfachheit und die Symmetrie eines geometrisch geformten Wassergartens sollte sich auch in der Bepflanzung widerspiegeln. Verwenden Sie daher lieber größere Gruppen einiger weniger Arten als zu viele verschiedene Pflanzen. Zieranlagen versuchen gar nicht erst „natürlich" zu wirken, deshalb passen kräftige Farben auch so gut zu ihnen. Sie können hier auch Einzelpflanzen viel besser nutzen, vor allem im tieferen Wasser, wo die Pflanze durch das klare Wasser um sie herum besser zur Geltung kommt.

Die Bepflanzung von Naturteichen

Bei naturnah gestalteten Teichen besitzen Sie einen größeren Freiraum bei der Pflanzenauswahl, doch hat dies häufig ein Durcheinander von nicht aufeinander abgestimmten und viel zu großen Pflanzen zur Folge. Die Formen sollten nicht miteinander konkurrieren, so passt z.B. eine Kriechpflanze besser zu einer hoch gewachsenen Pflanze. Bepflanzen Sie die Ufer von Naturteichen unterschiedlich dicht. Ein Teich mit einem gleichmäßigen Pflanzen-

Tipp

- Den Spiegeleffekt des Wassers nutzen Sie optimal, wenn Sie eine auffällige Pflanze an das dem Aussichtspunkt gegenüberliegende Ufer setzen. Das nahe gelegene Ufer bepflanzen Sie dagegen nur spärlich mit niedrigen Pflanzen.
- Damit der Teich von einem bestimmten Punkt aus größer erscheint, setzen Sie eine große formgebende Pflanze an das nahe und eine kleinere Pflanze mit einer ähnlichen Form an das entfernte Ufer.

Links: Dieser Zierkanal führt zu einem kreisförmigen Teich und dient nun als Feuchtbeet für Trollblumen (*Trollius* sp.) und Schwertlilien (*Iris* sp.).
Rechts: Am Ufer dieses mit Steinen eingefassten Teiches drängen sich Pflanzen mit unterschiedlicher Höhe, Form und Farbe und schaffen so eine lebendige Atmosphäre.

rand wirkt nicht so schön wie einer mit verschieden großen Gruppen, z.B. mit dichter Bepflanzung in einem Bereich und spärlicher in einem anderen. Dies erleichtert an einigen Stellen den Zugang zum Teich, andere werden dagegen undurchdringlich.

RICHTLINIEN FÜR DIE BEPFLANZUNG

Stellen Sie einen Bepflanzungsplan auf, bevor Sie Pflanzen kaufen. Zeichnen Sie das Gebiet auf Millimeterpapier, damit Sie genau nach Maßstab planen können, und ziehen Sie einen Kreis um den vorgesehenen Standort einer jeden Pflanze. Beginnen Sie mit der tiefen Zone. Hier sind meist Seerosen die erste Wahl, entweder in gemischten Farben oder in einem einzigen Farbton. Lassen Sie sich nicht verlocken, den Teich mit zu vielen Seerosen zu füllen. Sie kommen viel besser zur Geltung, wenn nur ein Drittel bis die Hälfte der Wasserfläche mit Blättern bedeckt ist.

Nun überlegen Sie, ob es eine ganz bestimmte Zeit gibt, zu der die Farbenpracht der Blüten einen Höhepunkt erreichen soll, oder ob Sie eine möglichst ausgedehnte Blütezeit wünschen. Den Rest des Planes bepflanzen Sie zuerst mit den höchsten Arten und füllen ihn dann mit Kriechpflanzen auf. Vergessen Sie nicht, dass manche Uferpflanzen bis zu 2 m hoch werden können und daher in den Proportionen nicht zu einem kleinen Teich passen. Als grobe Richtlinie gilt Folgendes: Die Höhe der größeren Pflanzen darf nicht mehr als zwei Drittel der Teich-

länge betragen. Außerdem sollten Sie die höheren Pflanzen so setzen, dass ihr Schatten nicht auf das Wasser fällt. Setzen Sie generell keine Pflanzen mit ähnlichen Größen und Formen nebeneinander. Kontraste bringen Spannung in die Pflanzung.

Bei Teichen, die größer als 5,5 m² sind, empfiehlt es sich, die Ufer- oder Sumpfpflanzen in Gruppen zu drei oder fünf Exemplaren zu setzen und nicht einzeln. Stecken Sie beim Einsetzen Ihrer Lieblingsgruppen oder -pflanzen einen langen Stock an die vorgesehene Stelle und betrachten Sie den Standort von Ihrem Lieblingsfenster, z.B. aus der Küche oder vom Wohnzimmer aus. Probieren Sie so viele verschiedene Stellen aus, bis Sie mit der Aussicht auf die geplanten Pflanzen zufrieden sind.

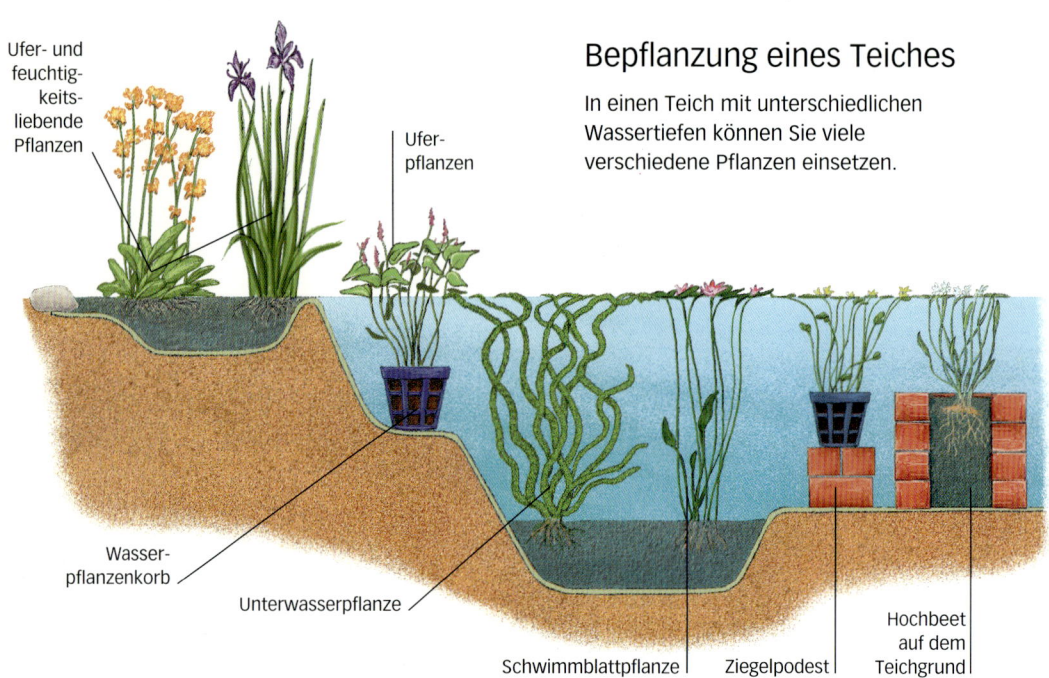

Ufer- und
feuchtig-
keits-
liebende
Pflanzen

Ufer-
pflanzen

Bepflanzung eines Teiches

In einen Teich mit unterschiedlichen
Wassertiefen können Sie viele
verschiedene Pflanzen einsetzen.

Wasser-
pflanzenkorb

Unterwasserpflanze

Schwimmblattpflanze   Ziegelpodest

Hochbeet
auf dem
Teichgrund

ARTEN VON WASSERPFLANZEN

Wasserpflanzen werden nach
ihrem Standort eingeteilt:
Unterwasserpflanzen, auch
Sauerstoffspender genannt,
Schwimmpflanzen, Schwimm-
blattpflanzen und Uferpflanzen.

Unterwasserpflanzen

Diese Sauerstoffspender sind die
Schwerstarbeiter im Teich, denn
sie erzeugen mit ihren Blättern
tagsüber Sauerstoff und ernähren sich von aufgelösten Mineralien, sodass das Wasser klar
bleibt. Außerdem bieten die
meisten Sauerstoffspender winzigen Wassertieren, z.B. jungen
Fischen Schutz und Nahrung.
    Viele Unterwasserpflanzen
besitzen feine und empfindliche
Blätter, da sie keine Blattfasern
benötigen, um fest zu bleiben.
Die Blätter schweben im Wasser
und sind häufig dünn und durch-

sichtig. Manche Arten entwickeln
attraktive spiralförmige Blattformen, z.B. Tausendblatt oder Papageienfeder (*Myriophyllum* sp.).
Da sie mit ihren ausgedehnten
dünnen Blattoberflächen von der
Wasserbeschaffenheit abhängig
sind, empfiehlt es sich, mehrere
verschiedene Sauerstoffspender
in einen Teich zu setzen, damit
wenigstens einige von ihnen
überleben, falls Licht, Temperatur oder der pH-Wert Extremwerte erreichen.

Schwimmpflanzen

Eine der häufigsten und typisch-
sten Schwimmpflanzen, die sowohl in gemäßigten als auch in
tropischen Breiten vorkommt, ist
die Wasserlinse (*Lemna minor*).
Sie gilt im Zierteich als Unkraut
und kann sich außerordentlich
schnell vermehren. Dies ge-

schieht normalerweise durch Ableger, die typische Vermehrungs-
art für diese Pflanzengruppe.
Schwimmpflanzen sind sehr
nützlich, wenn Sie einen Teich
gerade erst angelegt haben,
denn sie spenden dem Wasser
Schatten, bis die Blätter von Seerosen und anderen Pflanzen die
Wasseroberfläche bedecken.
Dies schützt das Wasser im
neuen Teich vor Algen, da es den
Anteil an Licht und Mineralien im
frisch eingelassenen Wasser
herabsetzt. Unter einer Schicht
Wasserlinsen verbirgt sich häufig
glasklares Wasser. Bei einem
kleinen Teich kann man die
Schwimmpflanzen später, wenn
sie die ganze Oberfläche bedecken oder genug andere Blätter vorhanden sind, mit einem
Netz herausfischen. In größeren
Teichen setzen Sie Schwimmpflanzen nur sparsam ein, da Sie

Rechts: Obwohl Wasserlinsen einem neu angelegten
Teich wertvollen Schatten
spenden, bekommt man sie
später nur schwer wieder in
den Griff, wenn sie sich erst
einmal zwischen den Ufer-
pflanzen verbreitet haben.
Man muss sie daher regel-
mäßig herausnehmen.

sie später unter Umständen nicht
mehr unter Kontrolle bringen.
Frisch eingesetzte Fische profitieren ebenfalls von dieser
Schutzschicht, besonders solange die Unterwasserpflanzen in
dem neuen Teich noch nicht
groß genug sind. Als Ausgleich
für ihre fehlende Verankerung im
Boden haben viele Schwimmpflanzen ein ausgedehntes feines
Wurzelsystem mit frei liegenden
Wurzelhaaren. Diese sind neben
dem Schatten der Blätter ein wei-
terer Pluspunkt der Schwimmpflanzen, denn sie bieten jungen
Fischen Zuflucht. In einem Aquarium sehen die Wurzeln von
Wassersalat (*Pistia stratiotes*)
oder Wasserhyazinthen (*Eichhornia crassipes*) besonders attraktiv
aus. Alle Schwimmpflanzen lieben nährstoffreiche Teiche, viele
Arten sind aber nicht frosthart.

Schwimmblattpflanzen

Diese Pflanzen wachsen im tieferen Wasser, in der Regel zwischen 30 cm und 60 cm. Das
beste Beispiel hierfür ist die Seerose. Die fest im Teichgrund ver-
ankerten Tiefwasserpflanzen
haben sowohl eine ästhetische
als auch eine funktionelle Aufga-
be, da ihre Blüten und Blätter zugleich Schatten spenden. Viele

verschiedene Lebewesen lassen
sich auf ihnen nieder und ruhen
sich aus, auf der Unterseite können sie Eier ablegen. Am liebsten
mögen Schwimmblattpflanzen
stehendes Wasser und im Gegensatz zu Unterwasserpflanzen
sind sie empfindlich gegenüber
Strömungen. Die meisten überleben gemäßigte Winter als dicke
Wurzelstöcke unter dem Eis.

Uferpflanzen

Der Name sagt alles: Diese Pflanzen bevorzugen das flache Wasser der Teichufer, normalerweise
ertragen sie Wasser bis zu 15 cm
über ihrem Wurzelhals. Ihre
Blätter ragen aus dem Wasser
heraus.
   Uferpflanzen bringen ein ver-
tikales Element in die Bepflanzung und meistens herrschen
schmale, lange schwertförmige
Blätter vor.

Unten: Die weiße Scheincalla (*Lysichiton camtschatcensis*) mag humusreiche,
feuchte Erde.

Rechts: Damit Pflanzen wie die Wasserpest (*Elodea crispa*) unter Wasser bleiben, geben Sie eine Schicht Kies auf die Oberfläche der Pflanzkiste.

PFLANZ-TECHNIKEN

Außer bei kleinen Naturteichen, wo die Pflanzen direkt in eine Schlammschicht auf dem Teich-boden gesetzt werden, bepflanzt man die meisten Teiche am besten mit speziellen Wasserpflanzenkörben. Dadurch lassen sich die Pflanzen leicht im Teich hin und her bewegen. Wenn eine Pflanze spezielle Pflege braucht, nimmt man ganz einfach den Korb aus dem Teich und muss nicht erst die Pflanze unter Wasser ausgraben. Pflanzen in Körben wuchern und überwältigen ihre Nachbarn nicht so leicht, wie sie es in Teichen mit Erdgrund tun.

Hochbeete auf dem Teichgrund und an den Ufern stellen einen Kompromiss zwischen Pflanzen in Körben und im Boden dar. Sie werden von Anfang an mit angelegt, gefüllt und bepflanzt, bevor Wasser in den Teich gelassen wird. So sehen sie natürlich aus und dämmen zugleich das Wachstum der Pflanzen ein.

Wasserpflanzenkörbe

Wasserpflanzenkörbe gibt es in allen Formen und Größen – sogar gewölbt, damit sie auf die Terrassen von Naturteichen passen.

Alle haben eine große Grund-fläche, damit sie standfest sind. Dies ist bei hohen Uferpflanzen, die der Wind leicht umweht, besonders wichtig.

Die Wände der Körbe sind sehr durchlässig, sodass die Pflanzenwurzeln immer von Teich-wasser umspült sind. Damit die Erde nicht herausgeschwemmt wird, werden die Körbe oft mit Sackleinen oder gewebtem Polypropylen ausgekleidet. Diese Gewebe sind immer noch durchlässig genug, dass sich Gase und Wasser leicht austauschen können. Bei Körben mit sehr feinen Gitterwänden ist eine zusätzliche Auskleidung nicht nötig.

Wasserpflanzenkörbe gibt es in vielen Größen: ab einem Durchmesser von 4 cm und einem Fassungsvermögen von 50 ml für Aquariumpflanzen, bis zu einem Durchmesser von 40 cm und einem Fassungsvermögen von 36 Litern für mittelgroße bis große Seerosen.

Tipp

Wenn Sie einen Wasserpflanzenkorb in tiefes Wasser versenken, fädeln Sie eine Schnur als Griff durch die Korbwände. So lässt er sich besser auf den richtigen Platz im Teich-grund setzen.

Rechts: Die Goldkeule (*Orontium aquaticum*) mag eine dicke Schlammschicht in einer Wassertiefe von höchstens 45 cm.

Pflanzerde

Wasserpflanzen fühlen sich am wohlsten in einer lehmigen, nicht gedüngten Gartenerde. Lose organische Reste sollten herausgesiebt werden, da sie schwimmen. Vermeiden Sie auch sehr sandigen Boden, denn dieser enthält nur wenig Nährstoffe.

Die im Handel erhältliche Pflanzerde für Landpflanzen sollten Sie nicht für Wasserpflanzen verwenden, da sie zu viel Torf enthält, der dann auf der Wasseroberfläche treibt. Außerdem enthält sie zu viel Dünger. Er löst sich im Wasser und fördert das Algenwachstum. Ein idealer Pflanzboden ist ein Haufen alter Grassoden, die einige Monate kompostiert wurden. Wenn Sie keine passende Gartenerde bekommen können, gibt es im Fachhandel spezielle Wasserpflanzenerde.

Pflanzzeit

Im Gegensatz zu den meisten Landpflanzen sollten Sie Wasserpflanzen während ihrer Wachstumsphase einsetzen, vorzugsweise zwischen Frühjahr und Spätsommer, wenn das Wasser warm ist und die Sonne das Wachstum fördert. Wenn man sie zu spät einsetzt, haben die Pflanzen vorm Winter nicht genug Zeit, um sich in der neuen Erde einzuleben. Dies ist besonders bei Seerosen wichtig, die in ihren Wurzeln Nahrungsvorräte speichern müssen, damit sie überleben.

Pflanztiefe

Welche Pflanztiefe im Wasser ideal ist, hängt von der jeweiligen Pflanze ab. Richtlinien finden Sie in den Pflanzenbeschreibungen, die Sie im Fachhandel bekommen. Wenn eine Tiefe angegeben ist, so bezeichnet sie den Abstand zwischen der Erdoberfläche im Pflanzkorb und der Wasseroberfläche. Setzen Sie die Pflanzen nie zu tief ein, denn ohne ausreichend Licht verhungern sie und gehen ein. Am Anfang müssen Sie den Korb vielleicht auf Ziegel oder Blöcke stellen, damit die Pflanzen nicht zu tief stehen, solange sie noch jung sind. Wenn sie größer werden, können Sie sie langsam in die optimale Tiefe hinablassen, indem Sie ganz einfach einen Klotz nach dem anderen wegnehmen.

Das Einsetzen von Schwimmpflanzen

Da diese Pflanzen nicht im Boden verankert sind, werden sie einfach auf der Wasseroberfläche verstreut.

Wie die Schwimmblattpflanzen am Anfang im Wasser liegen, ist nicht wichtig, da der Wind die Pflanzen auf der Oberfläche hin und her weht und sie dann im Gartenteich natürlich aussehen.

Das Einsetzen von Seerosen

Es gibt zwei Arten von Seerosenwurzeln, und davon hängt auch ab, wie man sie pflanzt. Wurzelstöcke sollten Sie waagrecht knapp unter der Oberfläche der Pflanzerde einsetzen, sodass der Wurzelhals gerade noch herausschaut. Die dickeren knollenförmigen Wurzeln, die einen Kranz Büschelwurzeln knapp unter dem Wurzelhals haben, sollten Sie senkrecht in die Erde setzen, und zwar ebenfalls so, dass der Wurzelhals gerade noch herausschaut. Achten Sie darauf, dass die Erde wirklich fest ist und geben Sie dann Kies darauf.

Setzen Sie die Pflanzen nur so tief ins Wasser, dass die jungen Blätter sofort die Oberfläche erreichen können. Stellen Sie dazu den Pflanzkorb auf Ziegelsteine, sodass über ihm nur etwa 15 bis 20 cm Wasser stehen. Nach zwei bis drei Wochen sollte die Pflanze so groß sein, dass Sie den Korb schrittweise weiter nach unten stellen können. Nehmen Sie einen Ziegel nach dem anderen weg, bis er schließlich auf dem Teichgrund steht. Wenn Sie kräftige Seerosen in fest eingebaute Hochbeete auf dem Teichgrund setzen, sollten Sie den Wasserpegel zunächst knapp über den Seerosen halten und ihn dann erhöhen.

Unterwasserpflanzen einsetzen

Im gut sortierten Fachhandel sind normalerweise etwa sechs Arten von Unterwasserpflanzen erhältlich, also entscheiden Sie sich für eine gute Mischung. Sie werden häufig in Bündeln unbewurzelter Stängel verkauft. In einem mittelgroßen Pflanzkorb haben fünf Bündel Platz. Setzen Sie Pflanzen derselben Art zusammen in ein Gefäß. Ein ungefährer Richtwert sind fünf Bündel pro Quadratmeter Teichfläche. Bedecken Sie die Stecklinge nach dem Pflanzen so schnell wie möglich mit Wasser, damit sie nicht verwelken.

Wenn in Ihrem Teich eine Schlammschicht liegt und die Pflanzenbündel beim Kauf einen Bleistreifen unten an den Stängeln haben, so können Sie sie einfach in den Teich werfen. Sie gehen dann unter und schlagen im Boden Wurzeln.

Unterwasserpflanzen sind immer häufiger in kleinen Faserwürfeln erhältlich, die mit der Zeit zerfallen. Man kann diese in den Teich werfen, wo sie die Pflanze ernähren und ihr Halt geben, bis sich die Pflanze in einigen Monaten selbst versorgen kann.

Schwimmblatt- und Uferpflanzen in Körben einsetzen

Setzen Sie die Pflanze in einen Korb mit Wasserpflanzenerde. Er sollte auch der ausgewachsenen Pflanze noch genug Lebensraum bieten. Legen Sie die vergitterten Gefäße mit einem Stück Sackleinen oder Polypropylen aus, bevor Sie die Wasserpflanzenerde hineingeben.

Stecken Sie die Wurzeln in ein Loch in der Erde und drücken Sie die Erde vorsichtig rund um die Pflanze fest. Lassen Sie dabei einen Abstand von 2,5 cm zwischen der Erde und dem Korbrand. Geben Sie Kies bis knapp unter den Korbrand auf die Pflanzerde, damit sie im Wasser nicht wegschwimmt.

ZURÜCK-SCHNEIDEN

Durch das rasche Wachstum der Wasserpflanzen wuchern Teiche häufig schnell zu. Der Teich wird zwar nicht so bald mit Grün überfrachtet, wenn Sie in Körben pflanzen, trotzdem müssen die Pflanzen regelmäßig zurückgeschnitten werden, besonders im Hoch- und Spätsommer, wenn sie am schnellsten wachsen.

Unterwasserpflanzen

Wenn der Teich zuwächst, sind Unterwasserpflanzen die Hauptschuldigen, da sie bald aus ihren Körben „entkommen" und auch ohne Verankerung gut wachsen. Wenn Sie die ganze Grünmasse im Winter absterben lassen, sammeln sich Berge von faulenden Pflanzenabfällen, die dem Wasser Sauerstoff entziehen und schädliches Methan produzieren. Im Herbst können Sie die langen, unter Wasser liegenden Stängel der Sauerstoffspender sehr gut ordentlich zurechtstutzen, da sie im Winter nicht so wichtig sind. Die Sonne steht dann niedriger und die kühlere Wasseroberfläche kann leichter Sauerstoff aus der Luft aufnehmen.

Seerosen

Auch Seerosen müssen regelmäßig zurückgeschnitten werden. Sowohl Blüten als auch Blätter erneuern sich ständig, also sollten sie entfernt werden, wenn sie blass oder gelb geworden sind. In großen Teichen, in denen die Pflanzen nur schwer zu erreichen sind, ist eine Baumschere mit langen Stielen prak-

tisch, denn so müssen Sie nicht ins Wasser steigen.

Uferpflanzen

Die kräftigen Uferpflanzen profitieren ebenfalls, wenn Sie sie im Hoch- und Spätsommer zurückschneiden, besonders diejenigen, die schon früher im Jahr geblüht haben wie Binsen. Sie wachsen schnell nach, außerdem sind ihre jüngeren Triebe gesünder. Komplett zurückgeschnittenes Uferlaub sieht bei den klaren Umrissen eines Zierteiches besser aus, bei einem Naturteich sollten Sie dagegen die abgestorbenen Blätter bis ins späte Frühjahr liegen lassen, da sie kleinen Tieren Schutz bieten. Wenn die Triebe im Frühjahr in die Höhe schießen, ist das ein guter Zeitpunkt, um die Uferpflanzen auf Vordermann zu bringen.

Schwimmpflanzen

Die Schwimmpflanzen, die vielleicht ganz am Anfang in den

Oben: Die Sumpfschwertlilie (*Iris laevigata*) blüht vom späten Frühjahr bis in den Frühsommer. Sie können sie im Spätsommer zurückschneiden.

neuen Teich gesetzt wurden, breiten sich schnell aus und bedecken zu viel Wasserfläche. Behalten Sie besonders die Ausbreitung von Wasserlinsen (*Lemna minor*), Feenkraut (*Azolla filiculoides*) und Krebsschere (*Stratiotes aloides*) im Auge und fischen Sie sie regelmäßig mit einem Netz heraus. Einige Schwimmpflanzen sind nicht winterhart, z.B. Wassersalat (*Pistia stratiotes*) und Wasserhyazinthen (*Eichhornia crassipes*), daher werden diese Pflanzen in gemäßigten Breiten kaum zum Problem. Wenn sie den Winter überleben sollen, muss man sie in eine frostfreie Umgebung bringen.

Links: Die Wasserhyazinthe (*Eichhornia crassipes*) können Sie das ganze Jahr über durch Ableger teilen. Sie ist nicht winterhart, deshalb muss sie im Haus überwintern.

TEILUNG

Teichpflanzen müssen regelmäßig geteilt und umgetopft werden, da sie sonst schwach werden oder wuchern. Im Gegensatz zu Landpflanzen kann man Wasserpflanzen nicht durch Düngen ernähren. Das führt nur dazu, dass Algen das Wasser grün werden lassen.

Uferpflanzen

Pflanzen in Körben sollten regelmäßig geteilt werden – wenn man sie zu lange wachsen lässt, verfilzen sie zu sehr und ihre Wurzeln wachsen durch die Korbwände. Wenn dies schon passiert ist, verabschieden Sie sich am besten vom Korb und hacken ihn mit einem scharfen Spaten entzwei, sodass die jungen Triebe an den Seiten befreit werden. Werfen Sie die älteren Teile in der Mitte weg und topfen Sie die neuen Triebe in ein neues Gefäß mit frischer Wasserpflanzenerde.

Seerosen

Seerosenwurzeln, die aus dem Korb kriechen, breiten sich schnell auf dem Teichgrund aus, sodass feine Wurzelhaare in die dünne Schlammschicht auf dem Grund wachsen. Wenn die Pflanze viel mehr Blüten als Blätter hat und diese aufrecht über der Wasseroberfläche aufragen, anstatt auf dem Wasser zu liegen, deutet dies darauf hin dass sie geteilt werden müssen. Sie sollten das gesamte alte, dicke Wurzelwerk entfernen und dann die Spitzen der jungen Wurzeln in frische Pflanzerde setzen.

ERNÄHRUNG

Die einzigen Pflanzen, die zusätzliche Nährstoffe benötigen, sind Seerosen, besonders die kleineren Zuchtsorten. Damit das Wasser nicht durch Überdüngung grün wird, gibt es spezielle Tabletten, die man im Seerosenkorb einfach in die Wasserpflanzen-Erde drückt, wo sie sich langsam auflösen.

Unterwasserpflanzen

Da Unterwasserpflanzen im Gegensatz zu anderen Wasserpflanzen nicht so sehr von einem ausgedehnten Wurzelsystem abhängen, brauchen sie nicht geteilt zu werden. Nehmen Sie stattdessen Stecklinge von den Spitzen der jungen Triebe. Die Stecklinge müssen etwa 30 cm lang sein und gebündelt werden, bevor Sie sie umtopfen oder mit einem kleinen Stück Blei beschweren, damit sie auf den Teichgrund sinken können. Die alten Wurzeltriebe und Körbe sollten Sie wegwerfen.

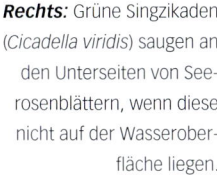

Rechts: Grüne Singzikaden (*Cicadella viridis*) saugen an den Unterseiten von Seerosenblättern, wenn diese nicht auf der Wasseroberfläche liegen.

PFLANZEN-SCHÄDLINGE UND KRANKHEITEN

Schädlinge und Krankheiten können das Aussehen von Wasserpflanzen beeinträchtigen, besonders in kleinen Teichen, wo man sie ganz aus der Nähe sieht. Dennoch hält sich ihre Zahl im Vergleich zu Schädlingen bei Gemüse und Zierpflanzen in Grenzen. Schädlinge sind ein größeres Ärgernis als Krankheiten und greifen hauptsächlich Seerosen an. Sorgfältige Pflege verringert das Problem erheblich, da schwache Pflanzen, die dringend geteilt werden müssen, anfälliger als gesunde sind.

Biologischer statt chemischer Pflanzenschutz ist besonders in einem Fischteich wichtig. Sowohl chemische wie auch viele biologische Pflanzenschutzmittel sind für Fische, Amphibien und andere Tiere giftig!. Fische helfen großartig bei der Schädlingsbekämpfung. Wenn kleine Insekten Laub fressen, an das die Fische nicht herankommen, spritzen Sie die Blätter kräftig mit Wasser ab, sodass die Insekten ins Wasser fallen und die Fische sie fressen können. Wenn der Befall so schlimm ist, dass die Pflanzen eingehen, können Sie sie aus dem Teich holen und einige Stunden in einen Behälter mit verdünntem Pflanzenschutzmittel stellen. Spülen Sie die Pflanze extrem gründlich mit sauberem Wasser ab, bevor Sie sie wieder in den Teich setzen.

Pflanzenschädlinge

Blattläuse

Die weichen Blätter der Teichpflanzen locken Blattläuse an, vor allem die Seerosenblattlaus, die das Blattgewebe über der Wasseroberfläche angreift. Fische und Marienkäferlarven fressen alle Blattläuse, die sie erwischen – ein gutes Beispiel dafür, wie wichtig biologischer Pflanzenschutz in einem Wassergarten ist. Im Spätsommer verlässt die Seerosenblattlaus den Teich, um auf den Stämmen von nahe gelegenen Pflaumen- und Kirschbäumen zu überwintern. Wenn Sie eine Winterspritzung auf diese Obstbäume sprühen und so die Eier abtöten, ist der Lebenszyklus der Blattläuse unterbrochen und ihre Zahl schrumpft.

Zikaden

Auch diese werden von Seerosenblättern angelockt, besonders von den eng beieinander stehenden Blättern zu groß gewordener Pflanzen, die in die Luft ragen. Wie Blattläuse schädigen sie die Pflanzen, indem sie ihren Saft saugen. Ein schwerer Befall lässt die Blätter braun werden. Zikaden treten nicht auf, wenn die Blätter auf der Wasseroberfläche liegen und die Wurzeln regelmäßig geteilt werden.

Seerosen-Zünsler

Saftsaugende Insekten wie Blattläuse und Zikaden schwächen die Pflanzen zwar, doch sind sie als Schädlinge nicht so auffällig wie diese Motte, deren Larven in

Links: Die Köcherfliege (*Halesus radiatus*). Ihre Larven schützen sich unter Wasser mit einem Gehäuse aus Sand, Muschelstücken und Blättern.

die Blätter beißen und hässliche Löcher verursachen. In Extremfällen nagen sie die Blätter bis auf das Gerippe ab. Der Seerosen-Zünsler ist sehr weit verbreitet, seine Larven fressen große Löcher in die Blattränder.

Diese kleinen Motten werden etwa 2,5 cm lang, sie haben unregelmäßige weiße Flecken auf orangebraunen Flügeln und zeigen sich zumeist an Spätsommerabenden. Ihre beigen Raupen schlüpfen aus Eierklümpchen, die dicht unter der Blattoberfläche liegen. Sie fressen sich durch das Laub und schützen sich dann durch einen Unterschlupf aus Blattstücken, die sie auf das Blatt kleben. Die Raupe kann darin herumkriechen und fressen, sodass man nur ihren Kopf und ihre Vorderbeine sieht. Dann verpuppt sie sich. Man bekämpft sie, indem man betroffene Blätter entfernt und mit dem Netz alle schwimmenden Laubstücke herausfischt, in denen die Puppen überwintern können.

Köcherfliege
Die Köcherfliege schützt sich ebenfalls einen Teil ihres Lebens mit einem Gehäuse. Die erwachsenen Tiere ähneln Motten mit stumpfen Farben und haben gräuliche oder braune Flügel. Man sieht sie am frühen Abend schwerfällig dahinfliegen, wenn sie bis zu hundert Eier auf einmal im oder am Wasser ablegen. Die

Eier werden in langen, gallertartigen Röhren abgelegt, die manchmal an Blättern auf oder in der Nähe der Wasseroberfläche hängen. Nach zehn Tagen schlüpfen die Larven und beginnen sofort, Schutzhüllen aus kleinen Stöcken, Muschelstücken und Sand zu weben, die sie dann mit Blattstücken bedecken. In diesen Gebilden schwimmen sie dann herum und ernähren sich gierig von sämtlichen Pflanzen. Durch sie vertrocknen häufig Seerosenblätter. Später verpuppen sich die Larven in Blättern am Ufer. Karpfen, Goldorfen und Goldfische zählen zu ihren natürlichen Feinden; eine chemische Bekämpfung ist unmöglich.

Schwarm-Mücke
Dieser Schädling fügt Seerosen den größten sichtbaren Schaden zu. Die Larven schlüpfen aus Eiern auf der Blattoberfläche und fressen dann gewundene Kanäle durch die Oberfläche schwimmender Blätter. Das beschädigte Gewebe stirbt schließlich ab, sodass auf großen Flächen nur noch das Blattgerippe steht. Wenn es als Bekämpfung nicht ausreicht, die betroffenen Blätter zu entfernen, nehmen Sie die Pflanze heraus und setzen Sie sie eine oder zwei Stunden lang in einen Eimer mit verdünntem Insektizid, das auch gegen Blattläuse angewendet wird. Waschen Sie die Pflanze sehr sorgfältig,

bevor Sie sie wieder in den Teich setzen.

Seerosenblattkäfer
Diese eher seltene Insektenlarve fügt den Seerosen großen Schaden zu. Der dunkelbraune, nur 0,6 cm große Käfer legt seine Eier im Frühsommer in Klümpchen auf der Oberfläche von Seerosenblättern ab. Nach etwa sieben Tagen schlüpfen glänzende schwarze Larven mit auffälligen gelben Bäuchen. Die Larven fressen fast alle Pflanzen, reißen das Oberflächengewebe weg und lassen nur das Blattgerippe übrig, das dann langsam verfault. Die Larven verpuppen sich auf Blättern an der Luft. Die Käfer überwintern im braunen Laub an den Ufern.

Ein wichtige Bekämpfungsmethode ist, dieses abgestorbene Laub im Winter zu entfernen. Im Sommer kann man ihre Ausbreitung verhindern, indem man betroffene Blätter frühzeitig entfernt und die Blätter kräftig mit Wasser absprüht. Fische fressen den Schädling in allen Entwicklungsstufen, deshalb sollte man auf Insektenvernichtungsmittel verzichten. Zusätzlich können Sie die Seerosenblätter zeitweise ins Wasser tauchen, indem Sie den Wasserstand des Teiches erhöhen oder Maschendraht über die Pflanzen legen, damit Fische die Schädlinge im Wasser fressen können.

Schnecken

Schnecken sind eher Schädlinge als Verbündete. Eine Ausnahme stellt die Posthornschnecke dar, ein guter Algenfresser, den man leicht an seinem runden Haus in Form eines Posthorns erkennen kann.

Die häufigste Schnecke ist die Gemeine Teichschnecke oder Spitzschlammschnecke, die als Zwischenwirt für einige Fischparasiten dient. Ihr Auftreten kann man so gut wie nicht verhindern, da ihre gallertartigen Eier unbemerkt an Wasserpflanzen aus dem Gartencenter hängen. Man erkennt sie an ihrem langen, spitzen und gewundenen Haus, das etwa 2,5 cm misst. Sie mögen weiches Gewebe und verzehren mit Genuss junge Seerosenblätter. Man kann sie fangen, indem man ein Salatblatt für 24 Stunden ins Wasser legt und sie dann mit einem Netz herausfischt.

Pflanzenkrankheiten

Blattrost

Seerosen sind von alle Wasserpflanzen am anfälligsten für Krankheiten, meistens werden sie von Blattrost befallen. Dieser bringt dunkle Flecken oder trockene braune Ränder mit sich. Die dunklen Flecken auf den Blättern verfaulen schließlich und lassen ein fast ganz zerfallenes Blatt zurück. Entfernen Sie infizierte oder sterbende Blätter, sobald die Krankheit auffällt oder die Blätter verwelken.

Seerosen-Wurzelhals-Fäule

Dies ist eine ernste, aber zum Glück seltene Krankheit, die eigentlich nicht auftreten sollte, wenn Sie Ihre Pflanzen im Fachhandel gekauft haben. Die Blätter werden gelb, manchmal fleckig,

und ihre Stiele werden weich und schwarz. Schließlich brechen die Blätter vom Wurzelhals weg, der weich und gallertartig ist. Sein Inneres ist sogar schwarz und riecht verfault. In einem Gartenteich gibt es keine andere Bekämpfungsmethode als die betroffene Pflanze so schnell wie möglich herauszunehmen, da sich die Krankheit über das Wasser auf andere Pflanzen übertragen kann. Wenn man sie früh genug feststellt, haben sich andere Seerosen im Teich noch nicht angesteckt, besonders wenn es sich um eine andere Sorte oder Art als die kranke Pflanze handelt.

Schwertlilien-Blattrost

Die Blätter der Schwertlilie leiden an einer besonders hässlichen Form von Blattrost. Braune ovale Flecken treten willkürlich auf, und verlängern sich später entlang der Blattadern. Die Mitte des Flecks ist häufig heller und man kann dort die Sporen des Pilzes erkennen. Wenn es sehr nass ist, können die Flecken zusammen-

Oben: Die Gemeine Teichschnecke (*Linnaea stagnalis*) liebt besonders junge Seerosenblätter und frisst auch gerne das weiche Gewebe anderer Pflanzen.

wachsen, bis das Blatt schließlich abstirbt. Entfernen Sie befallene Blätter.

Mehltau

Der dichte Baldachin aus üppigem Laub und die feuchte Luft in Teichnähe sind ideale Bedingungen für das Gedeihen von Mehltau, doch zum Glück befällt er fast ausschließlich Sumpfdotterblumen (*Caltha palustris*), und zwar im Hoch- und Spätsommer. Mehltau tötet die Pflanze zumeist nicht und wenn der graue Belag nicht stört, muss man nichts gegen ihn unternehmen. Sollte der Mehltau zu aufdringlich werden, entfernen Sie das kranke Laub, sodass die frischen jungen Blätter schneller wachsen.

7 PFLANZEN

Für Pflanzenfreunde ist ein Teich ebenso attraktiv wie für Fischhalter. Zu der großen Auswahl an Wasserpflanzen gehören auch einige der schönsten Zierpflanzen überhaupt. Es gibt so viele verschiedene Wasserpflanzen, dass darunter sowohl die kleinsten als auch die größten Blätter der Pflanzenwelt überhaupt zu finden sind, von der winzigen Zwergwasserlinse (*Wolffia arrhiza*) bis hin zur riesigen Königlichen Seerose (*Victora amazonica*). Die alphabetische Auflistung von Ufer- und Schwimmpflanzen, Unterwasserpflanzen, Schwimmblattpflanzen und Seerosen in diesem Kapitel stellt eine Grundauswahl dar, die den verschiedenen Ansprüchen der meisten Teichbesitzer gerecht wird und in vielen Gärtnereien erhältlich ist.

UFERPFLANZEN

Im flachen Wasser und in der überfluteten Erde am Teichrand wachsen die Uferpflanzen. Sie gedeihen in verschiedenen Tiefen, von Schlamm bis hin zu einer Wassertiefe von etwa 15 bis 25 cm. Welche Wassertiefe eine Uferpflanze erträgt, ist je nach Art unterschiedlich. Achten Sie deshalb darauf, dass Flachwasserpflanzen nicht in zu tiefem Wasser ertrinken. Kurze oder jahreszeitlich bedingte Schwankungen im Wasserspiegel werden meistens verkraftet. Außerdem können sommergrüne Pflanzen im Winter mehr Wasser über ihrem Wurzelhals ertragen als im Sommer.

Das einzige, was kräftige Uferpflanzen daran hindert, sich bis in die Teichmitte hin auszubreiten, ist eine zu große Wassertiefe. Aus diesem Grund sollten die Pflanzterrassen nur 25 cm tief sein. Naturteiche ohne deutlich abgegrenzte Terrassen werden mit der Zeit von kräftigen Uferpflanzen wie Rohrkolben (*Typha* sp.) und Schilf (*Phragmites* sp.) überwuchert, deren Wurzelsysteme sich so verheddern, dass sie halb schwimmende Flöße bilden.

Im Gartencenter sehen Uferpflanzen gegen Ende des Sommers häufig schlaff aus, denn die Pflanzen werden zum Verkauf in kleine Kübel gesetzt. Dort wachsen sie eingeengt und leiden unter Nährstoffmangel. Am besten kaufen Sie Pflanzen im späten Frühjahr, wenn die neuen Triebe sprießen.

Kalmus
(*Acorus calamus*)
Diese kräftige Pflanze eignet sich sehr gut für Naturteiche. Sie ähnelt der Schwertlilie und ihre Knollen riechen interessant. Der Kalmus bietet Wasservögeln Schutz und ist leichter unter Kontrolle zu halten als Rohrkolben.

Kalmus wird etwa 60 bis 90 cm hoch, seine langen, leuchtend grünen, glänzenden und schwertförmigen Blätter besitzen eine deutlich erkennbare Mittelrippe. Teile des Blattrandes sind auffällig gerunzelt. Die ungewöhnliche Blüte ist blassgrün und ähnelt einem kleinen Horn. Sie steht in einem Winkel knapp unter der Blattspitze heraus. Setzen Sie diese Pflanze an einen sonnigen Standort, in bis zu 25 cm tiefes Wasser. Die Vermehrung erfolgt durch Teilung der zusammengedrängten Wurzelstöcke, die Sie mit einem scharfen Messer in 10 bis 15 cm lange Stücke schneiden können.

Links: Buntblättriger Kalmus
(*Acorus calamus* 'Argenteo-
striatus'). Dieser Kalmus
besticht mit einer lockeren
Wuchsform und seine
schwertförmigen Blätter
bleiben den ganzen Sommer
über dekorativ gestreift.

mäßigten Breiten nicht ganz winterhart und geht häufig ein. Sie
erträgt unterschiedliche Böden
und kann in Aquarien in kleinen
Körben sogar ganz unter Wasser
stehen. Wenn Sie den Zwergkalmus an ein Teichufer pflanzen,
sollten Sie ihn an einen sonnigen
Standort ins flache, höchstens
5 bis 10 cm tiefe Wasser setzen.
Vermehren Sie ihn mit 5 bis
10 cm langen Wurzelstücken.

Gewöhnlicher Froschlöffel
(*Alisma plantago-aquatica*)
Eine mehrjährige, winterharte
und sommergrüne Pflanze, die
bis zu 75 cm hoch wird und an
sonnigen Standorten wächst.
Ihre ovalen, grauen bis graugrü-
nen, halb aufrechten, gerippten
Blätter wachsen in Rosetten und
ragen an langen Stielen weit aus
dem Wasser heraus. Die winzigen weißrosa Blüten besitzen
drei Blütenblätter und stehen im
Hochsommer in Quirlen an py-
ramidenförmigen Ähren. Der
Froschlöffel bildet eine Vielzahl
von Samen, die auf der Wasserfläche weit wegschwimmen können und in Schlamm keimen. Er
ist ideal für Naturteiche geeignet
und wächst in 15 bis 25 cm tiefem Wasser. Seine Samen sind
ein wertvolles Vogelfutter und Sie
können sie bis zu einem Jahr
lang trocken lagern. Nach der
Aussaat keimen sie in etwa 2 bis
5 Wochen, in 15 Monaten ist die
Pflanze ausgewachsen.

Buntblättriger Kalmus
(*Acorus calamus* 'Argenteostriatus')
Die buntblättrige Form des
Kalmus ähnelt im Aussehen der
Wildart, wächst jedoch nicht
ganz so kräftig. Die schwertförmigen Blätter der Sorte 'Argen-
teostriatus' sind der Länge nach
gelblich oder beige gestreift, was
die vertikale Wirkung der Pflanze
verstärkt.

Zwergkalmus
(*Acorus gramineus*)
Der Zwergkalmus gehört zur selben Gattung wie der Kalmus,
bleibt aber wesentlich kleiner
und breitet sich fächerartig aus.
Seine glänzenden halbimmer-
grünen Blätter werden 8 bis
35 cm lang. Sie wachsen paar-
weise und ähneln den Blättern
der Segge. Die Pflanze ist zwar
mehrjährig, doch ist sie in ge-

Tipp

*Versuchen Sie es einmal mit den attraktiven Sorten
des Acorus gramineus: 'Variegatus' besitzt
gestreifte beigefarbige Blätter, 'Oborozuki' gelbe
Blätter und 'Yodo-no-yuki' blassgrüne, gescheckte
Blätter.*

Rechts: Kaschmirdotter-
blume (*Caltha palustris*
var. *alba*). Diese weiße
Variante ist viel kompak-
ter als die gewöhnliche
gelbe Sumpfdotterblume
und blüht in mildem
Klima zu Frühjahrsbeginn.

Blumenbinse
(Butomus umbellatus)

Diese mehrjährige, winterharte
Pflanze übernimmt in einem Naturteich gern die Vorherrschaft.
Sie besitzt schmale, spitz zu-
laufende und gewundene Blätter,
die dunkelgrün gefärbt sind und
bis zu 1 m lang werden. Die drei-
eckigen Blattansätze stecken in
Blattscheiden. Die eleganten
Blüten der Blumenbinse stehen
über den Blättern, in runden
Dolden von 10 cm Durchmesser.
Blumenbinsen gedeihen am besten in der Sonne in fruchtbarem
Schlamm oder flachem, höchstens 8 bis 15 cm tiefen Wasser.
Die Vermehrung erfolgt im Frühjahr durch Wurzelteilung.

Sumpfcalla
(Calla palustris)

Die mehrjährige, winterharte
Pflanze bleibt in milden Wintern
grün. Sie wird bis zu 25 cm hoch
und besitzt lange und auffällige
kriechende Wurzeln. Ihre runden
bis herzförmigen, glänzend mittelgrünen Blätter sind fest und
ledrig. Die weißen Blüten zeigen
sich im Frühjahr und ähneln kleinen, flachen Aronstabblättern.
Ihnen folgen rote oder orange
Beerentrauben. Setzen Sie sie
an einen sonnigen Standort in
höchstens 5 cm tiefes Wasser.
Die kriechenden Rhizome teilen
Sie im Frühjahr, allerdings muss
jedes Wurzelstück mindestens
eine gesunde Triebknospe
besitzen.

Sumpfdotterblume
(Caltha palustris)

Die Sumpfdotterblume ist bei
kleinen Teichen zu Recht eine der
beliebtesten Uferpflanzen. Sie
wird normalerweise 15 bis 30 cm
hoch und hat unten langstielige
und weiter oben stängellose
Blätter. Sie sind dunkelgrün, fast
rund, am Ansatz herzförmig und
besitzen gezähnte Ränder.

Die schönen, wächsernen,
gelben hahnenfußähnlichen Blüten bringen im Frühjahr Leben in
das Aussehen des Teiches. Am
besten kommt die Sumpfdotterblume in Gruppen an einem sonnigen oder halbschattigen Standort, direkt am Ufer zur Geltung.
Im Winter erträgt sie überflutete
Erde, im Sommer leichte Aus-
trocknung.

Die Kaschmirdotterblume
(*C. palustris* var. *alba*) unterscheidet sich von der Sumpfdotterblume durch weiße Blüten mit einer
gelben Mitte und einen etwas

kompakteren Wuchs. Das Laub
der Gefüllten Sumpfdotterblume
(*C. palustris* 'Flore Pleno') wird
von einer Vielzahl gelber gefüllter
Blüten bedeckt; sie blüht im
Sommer ein zweites Mal.

Die Riesensumpfdotterblume
(*C. palustris* var. *palustris*, auch
C. polypetala genannt) ist dagegen so groß, dass sie sich nur für
die Ufer großer Teiche eignet.
Ihre großen, gelben, langstieligen
Blüten ragen bis zu 1 m in die
Höhe. Die dunkelgrünen Blätter
haben einen Durchmesser von
etwa 25 bis 30 cm und bilden
kräftige Laubpolster, die im flachen, etwa 10 bis 13 cm tiefen
Wasser gedeihen.

Alle Sumpfdotterblumen, mit
Ausnahme der gefüllten Varianten, werden durch Samen vermehrt. Diese sollten Sie frisch
aussäen, dann keimen sie in
etwa zwei Wochen. Außerdem
können Sie die Pflanzen auch unmittelbar nach der Blüte teilen.

Links: Langes Zypergras (*Cyperus longus*). Lassen Sie es bei einem kleinen Teich unbedingt im Pflanzkorb, da es sonst in jeden feuchten Boden in Ufernähe vordringt. Eine perfekte Pflanze für größere Naturteiche.

Fiederpolster, Goldknöpfchen
(Cotula coronopifolia)

Ihr deutscher Name deutet schon an, wie diese helle kleine Uferpflanze aussieht, die in flachem, etwa 8 bis 10 cm tiefem Wasser an sonnigen Standorten wächst. Das Goldknöpfchen ist einjährig oder zweijährig und hat mehrere kriechende, fleischige Stängel, die 15 bis 30 cm hoch werden. Seine stark duftenden Blätter sind gezähnt. Die Pflanze trägt unzählige scheibenförmige gelbe Blüten, deren Durchmesser etwa 1,3 cm beträgt. Im Winter stirbt sie normalerweise ab, doch erneuert sie sich im Frühjahr leicht, denn sie produziert im Laufe des Jahres unzählige Samen.

Langes Zypergras
(Cyperus longus)

Das Langblättrige Zypergras ist eine der wenigen winterharten Varianten der Gattung und wirkt an schlammigen Ufern in der Sonne oder im Halbschatten besonders attraktiv. Es breitet sich sehr schnell aus, deshalb sollten Sie es in kleinen Teichen in Körben halten. Seine Stängel sind fast dreikantig und werden etwa 60 bis 120 cm hoch. An ihnen stehen interessante leuchtend grüne, gerippte Blätter im Kreis wie die Speichen eines Regenschirmes.

Steife Segge
(Carex elata 'Aureus')

Carex ist der Gattungsname der Seggen, einer großen Pflanzengruppe, die hauptsächlich auf sumpfigem, saurem Boden und im flachen Wasser, in Sonne oder Halbschatten wächst. Alle Seggen haben schmale grasähnliche Blätter und dreikantige Blütenstiele. Ihre Blüten wachsen in bräunlichen Ähren.

Die gelbe, grüngerandete Sorte 'Bowles Golden' schmückt einen Teich hervorragend und bringt einen Hauch von Gelb an das Ufer. Sie wird bis zu 400 cm hoch, ihre hellen grasartigen Blätter wachsen in dichten Büscheln. Die braunen männlichen Blüten zeigen sich zu Frühjahrsbeginn in 2,5 cm langen Ähren und stehen über den stängellosen grünen weiblichen Blüten in ihren 1,5 bis 4 cm langen Ähren. Nach der Blüte werden die Blätter leuchtend gelb. Die Vermehrung erfolgt im Frühling oder Frühsommer durch Teilung der Pflanzengruppe.

Rechts: Houttuynia cordata 'Chamäleon'. Eine auffällige Pflanze, die unterschiedlich feuchte Böden erträgt. Vergessen Sie nicht, dass sie in mildem Klima leicht wuchert.

Die braunen Blüten sind eher unauffällig und stehen in kleinen Ähren zwischen den Blättern. Die Pflanze eignet sich gut für Naturteiche, besonders im Spätsommer und Herbst, wenn die bogenförmigen Blüten schön zur Geltung kommen. Die Vermehrung erfolgt durch Wurzelteilung.

Schildblatt
(Darmera peltata, früher Peltiphyllum peltatum)

Diese Zwischenform zwischen Feucht- und Uferpflanze wirkt besonders schön an einem sonnigen oder halbschattigen Teichufer, wo sich ihre großen runden Blätter im Wasser spiegeln können. Die kleinen sternförmigen rosa Blüten dieser mehrjährigen, winterharten Pflanzen zeigen sich noch vor den Blättern, zu Beginn des Frühjahrs. Sie sitzen in runden Dolden, an langen dünnen roten Stängeln, die 30 bis 60 cm hoch werden. Die Blätter erscheinen nach den Frühjahrsfrösten und stehen wie die Blüten geschützt und weit vom Boden entfernt an dünnen Stielen, die häufig über 1 m hoch sind. Ihren Namen hat die Pflanze von ihrer Blattform: große, sattgrüne, von kräftigen Adern durchzogene Schilde, die tief gelappt und grob gezähnt sind. Ihr Durchmesser kann bis zu 60 cm betragen und im Herbst nehmen sie wunderschöne Rot-

töne an. Das Schildblatt hat dicke Rhizome, die einem schlammigen Teichufer guten Halt geben. Setzen Sie die Pflanze nicht an Stellen, wo ihre Wurzeln unter Wasser liegen. Sie liebt schlammige, fast gesättigte Böden. Ihre Vermehrung erfolgt im Frühjahr über Wurzelteilung.

Wollgras
(Eriophorum angustifolium)

Wollgras ist für seine auffälligen weißen Quasten wollähnlicher Blüten bekannt, die in einer eintönigen Umgebung dramatisch hervorstechen. Am wohlsten fühlt es sich in der Sonne. Wenn die Pflanze nicht blüht, ist sie eher langweilig: Sie hat kurze, belaubte, kantige Stängel, die normalerweise nicht höher als 30 cm werden. Wollgras sollte nie mehr als 5 cm tief im Wasser stehen. Seine Vermehrung erfolgt über Teilung der Pflanzengruppe.

Gebänderter Wasserschwaden, Süssgras
(Glyceria maxima var. variegata)

Süßgras ist ein sehr dekoratives winterhartes Wassergras, das einen Platz in einem Zierteich verdient – vorausgesetzt, es steht in einem Pflanzkorb. Wenn Sie seinen Wurzeln freien Lauf lassen, breitet es sich zu sehr

aus. Es hat sehr auffällige Blätter: Sie sind beige, weiß und grün gestreift, im Frühjahr sind die jungen Blätter rosa gefärbt. Süßgras ist sehr anspruchslos und wird bis zu 60 cm hoch. Es wächst an sonnigen Standorten in höchstens 15 cm tiefem Wasser. Seine Blüten stehen im Sommer in grünlichen Ähren. Seine Vermehrung erfolgt über Wurzelteilung.

Herzblättrige Houttuynie
(Houttuynia cordata)

Diese mehrjährige winterharte Pflanze wächst in Büscheln und wird 15 bis 30 cm hoch. Ihre Wurzeln dehnen sich weit aus, ihre Stängel sind aufrecht, belaubt und rot. Die blaugrünen, ledrigen spitzen Blätter sondern einen penetranten Geruch ab, wenn man sie zerquetscht. Im Frühjahr trägt die Pflanze Ähren mit unauffälligen gelblich grünen Blüten, die von weißen Hochblättern umgeben sind. Sie ist gerade noch winterhart, eine dicke Mulchschicht mit Laub tut ihr im Herbst gut. Sie kann sich stark ausbreiten und wird deshalb in kleinen Teichen am besten in Körben gehalten. Das Wasser darf nicht tiefer als 2,5 bis 5 cm sein, am liebsten steht die Houttuynie im Halbschatten von großen Bäumen oder Büschen am Teichrand.

Links: Gelbe Sumpfschwert-lilie (*Iris pseudacorus* 'Varie-gatus'). Ihre gescheckten Blätter sind an Teichufern besonders auffällig, doch nehmen sie im Laufe des Sommers leider ein stump-fes Grün an.

H. cordata 'Chamäleon' ist eine sehr bunte Pflanze. Ihre Blätter sind mit dunkelroten, grünen und beigen Flecken übersät. Diese Sorte braucht viel Sonne, damit sie ihre ganze Farbenpracht ent-falten kann. Ihre Vermehrung er-folgt im Frühjahr durch Teilung ihrer ausgedehnten, verfilzten Wurzelstöcke.

Tipp

Der Fieberklee eignet sich gut, wenn Sie schnell das flache Wasser eines sonnigen Teiches besiedeln wollen, da sich seine dicken schwammigen Wurzelstöcke knapp unter der Erdoberfläche schnell ausbreiten.

Schwertlilien

Ein Teichufer ohne die schwert-förmigen Blätter dieser Pflanze, die über der Wasseroberfläche aufragen, ist fast unvorstellbar. Die folgenden zwei Arten sind am häufigsten und beliebtesten. Sie lassen sich beide leicht durch Wurzelteilung vermehren.

Sumpfschwertlilie
(Iris laevigata)

Eine der schönsten Schwertlilien für flaches Wasser (10 cm tief) an sonnigen oder halbschattigen Standorten. Ihre Blätter wachsen in Bündeln, sie sind schwertför-mig und hellgrün, haben keine Mittelrippe und werden 0,6 bis 1 m lang. An ihren kaum ver-zweigten Stängeln stehen im Frühsommer zwei bis vier blaue Blüten. Wenn die Pflanze nicht blüht, kann man ihre Blätter leicht mit denen der Japan-Schwertlilie (*Iris ensata*, vormals *I. kaempferi*) verwechseln. Diese hat große üppige Blüten, ist aber keine echte Uferpflanze, da sie eingeht, wenn die Wurzeln im Winter unter Wasser bleiben. Sie unterscheidet sich durch ihre deutlich erkennbare Mittelrippe von der *I. laevigata*.

Es gibt viele hervorragende Sorten der *I. laevigata*, eine der beeindruckendsten ist die *I. laevigata* 'Variegata', die blaue, zart lila Blüten und wunderschön beige und weiß gestreifte Blätter hat. Als Uferpflanze ist sie deshalb heiß begehrt.

Gelbe Sumpf- oder Wasserschwertlilie
(Iris pseudacorus)
Eine kräftige mehrjährige Pflanze mit starken, steifen, blaugrünen, schwertförmigen Blättern, die bis zu 1 m hoch werden können. Sie wächst aus einem dicken Wurzelstock, der die Erde zusammenhält. Jeder hohe, verzweigte Blütenstängel trägt bis zu zehn gelbe Blüten. Von der Mitte jeder Blüte gehen braune Adern aus, im Schlund befindet sich ein orangefarbiger Fleck. Sie eignet sich ideal für die Ufer von Naturteichen und wächst in Sonne oder Schatten, in 15 bis 20 cm tiefem Wasser. *I. pseudacorus* 'Variegata' eignet sich für kleine Teiche, wenn man sie in Körben hält. Ihre Blätter sind auffällig beige gestreift, die Färbung verblasst aber im Laufe des Sommers.

Zwergbinse
(Juncus ensifolius)
Dieses kleine Mitglied der Binsenfamilie ist eine bezaubernde winterharte Uferpflanze für kleine Teiche, denn sie wird in der Sonne oder im Halbschatten nicht größer als 30 cm. Binsen sind hauptsächlich im Sumpf- oder Marschland zu Hause, einige Arten wachsen auch im flachen Wasser. Sie lieben sehr feuchte, größtenteils nasse Ufer und kommen am besten in Gruppen zur Geltung. Sie sehen aus wie Gräser und haben oft flache Blätter in Blattscheiden. An Ufern von Zierteichen findet man sie nur selten, diese kleine Art stellt allerdings eine Ausnahme dar. Besonders gut eignet sich die Zwergbinse für Bachufer, wo ihre mittelgrünen grasartigen Blätter hübsche Büschel bilden. Ihre attraktiven braunen Blüten wachsen in runden Ähren. Das Wasser darf nicht tiefer als 5 cm sein. Ihre Vermehrung erfolgt im Frühjahr und Sommer durch die Teilung der Grasbüschel.

Scheincalla
(Lysichiton sp.)
Abgesehen vom unangenehmen Geruch ihrer Blüten ist diese mehrjährige, winterharte Pflanze durchaus attraktiv. Besonders zu Frühjahrsbeginn zieht sie die Aufmerksamkeit auf sich, wenn sich ihre aronstab-ähnlichen Blüten noch vor den Blättern über der nassen Erde zeigen. Der unangenehme Geruch fällt kaum auf, da die Blüten im kühlen Frühlingswetter nahe am Boden liegen. Die Weiße Scheincalla (*L. camtschatcensis*) hat weiße Blüten und ist nicht so kräftig wie die häufigere Gelbe Scheincalla (*L. americanus*) und eignet sich daher besser für die Ufer von kleinen Teichen. Sie wird nur selten höher als 60 cm. Ihre Blätter sind gefleckt und paddelförmig. Sie erheben sich halb aufrecht vom Boden und haben nur kurze oder auch gar keine Blattstiele. Die Scheincalla erträgt gerade noch flaches Wasser. Sie wächst in der Sonne, ihre Vermehrung erfolgt über Samen.

Fieberklee, Bitterklee
(Menyanthes trifoliata)
Fieberklee ist eine mehrjährige, winterharte Uferpflanze. Ihre attraktiven glänzend olivgrünen Blätter ähneln Klee, da sie aus drei Einzelblättern an einem langen Stiel bestehen, der die ausgedehnten Wurzeln mit einer breiten Blattscheide umklammert. Die Blüten sehen besonders schön aus und wachsen in dichten Ähren etwa 25 bis 40 cm über der Wasseroberfläche. Sie sind zierlich, gefranst, weiß bis purpurrot und entwickeln sich aus rosa Knospen. In kleinen Teichen sollten Sie Fieberklee in Körben halten und herauswachsende Wurzeln jedes Frühjahr zurückschneiden. In größeren Naturteichen bietet er an den flachen Ufern hervorragenden Unterschlupf für Unterwassertiere. Fieberklee kann sich so ausbreiten, dass die Pflanzengruppe in einem Jahr größer als 1 m wird. Wenn Sie mehr Pflanzen im

Links: Die filigranen Blätter des Sumpfvergissmeinnichts (*Myosotis scorpioides*) stellen eine willkommene Abwechslung zu den vielen schwertartigen Blattformen am Teich dar.
Rechts: Hechtkraut (*Pontederia cordata*) ist eine der wenigen blau blühenden Uferpflanzen für den Spätsommer.

und olivgrün sind und ein feines spiralförmiges Muster aufweisen. Aus einem Hochblatt an der Spitze des Stängels wächst eine Ähre mit hellblauen Blüten. Ihr Wurzelhals kann bis zu 13 cm tief unter Wasser liegen, am besten entfaltet sich ihre Blütenpracht in der prallen Sonne. Sobald die Pflanze im Frühjahr zu wachsen begonnen hat, können Sie sie teilen.

Brennender Hahnenfuß
(Ranunculus flammula)
Diese mehrjährige, winterharte Pflanze gehört zur großen Familie der Hahnenfußgewächse und eignet sich im Gegensatz zum wuchernden Wasser-Hahnenfuß (*R. aquatilis*) gut für kleine Teiche. Obwohl Brennender Hahnenfuß sich im flachen Wasser eines Naturteiches in Sonne oder Halbschatten am wohlsten fühlt, kann man ihn auch gut in Pflanzkörben halten. Er trägt bis etwa 60 cm lange, niederliegende rötliche Stängel und dunkelgrüne, lanzettförmige Blätter. Seine 2 cm großen, gelben Blüten erscheinen von Juni bis Oktober in Trauben. Hahnenfuß wird im Frühjahr oder Frühsommer durch Teilung der Pflanzengruppe vermehrt.

Teich benötigen, können Sie die ausgedehnten Wurzeln leicht teilen.

Sumpfvergissmeinnicht
(Myosotis scorpioides)
Diese winterharte Uferpflanze ist in Teichen aller Größen in sonnigen Lagen sehr beliebt. Sie hat einen lockereren und feineren Wuchs als die meisten wuchernden Uferpflanzen und im Hochsommer trägt sie herrliche hellblaue Blüten mit gelber Mitte. Die kantigen Stängel stehen fast aufrecht und ragen an der Spitze auf. Sie werden etwa 25 bis 30 cm

hoch. Das Wasser darf nicht tiefer als 8 cm sein. Teilen Sie die Pflanze im Frühjahr regelmäßig, denn so bleibt sie kräftig. 'Meerjungfrau' ist eine verbesserte, reich blühende Sorte.

Hechtkraut
(Pontederia cordata)
Diese mehrjährige, winterharte Uferpflanze ist zweifelsohne eine der dekorativsten Wasserpflanzen mit blauen Blüten. Die robuste Pflanze wird etwa 45 bis 60 cm hoch. Ihr dicker, kriechender Wurzelstock trägt glänzende aufrechte Blätter, die herzförmig

Pfeilkraut
(Sagittaria sp.)

Das Pfeilkraut ist eine verlässliche mehrjährige, winterharte Ufer-pflanze, die sowohl in Körben als auch frei in größeren Naturtei-chen wachsen kann. Die Pflanze trägt kleine glänzende, pfeilförmi-ge, bis zu 45 cm lange Blätter und weiße Blüten, die zu dritt in Quirlen an kantigen Stängeln sitzen. *S. sagittifolia* 'Flore Pleno' ist eine sehr hübsche gefüllte Variante und wird manchmal auch als Japanisches Pfeilkraut (*S. japonica*) angeboten. Sie hat gefüllte weiße Blüten mit einem Durchmesser von 2 cm, die in einer Ähre angeordnet sind.

An seinen Wurzelenden bildet das Pfeilkraut überwinternde walnussgroße Knollen, die sich im Herbst ablösen. Diese Knollen enthalten viel Stärke und werden gerne von Wildgeflügel gefres-sen, weshalb man sie scherzhaft auch „Sumpfeichel" nennt. Das Pfeilkraut mag einen sonnigen Standort. Das Wasser sollte nicht tiefer als 5 cm sein, da die Pflanze in tieferem Wasser nicht viele Blüten trägt. Ihre Vermehrung er-folgt im Frühjahr oder Sommer durch Wurzelteilung.

Seebinse
(Schoenoplectrus lacustris ssp. tabernaemontani)

Obwohl man mit dem Begriff „Binse" häufig auch die großen wuchernden *Typha* bezeichnet, die im Herbst feuerhakenähnliche Blüten tragen, ist diese Pflanze eine echte Binse. Manchmal fin-det man sie noch unter ihrem früheren Namen *Scirpus*. Seebin-sen kommen im Marschland und flachen Wasser vor, man erkennt sie an ihren sehr langen dünnen Stängeln, die aus wuchernden Wurzeln wachsen.

Es gibt zwei sehr attraktive gescheckte Varianten, die schön zur Geltung kommen, wenn man sie in Gruppen an das sonnige Ufer eines großen Teiches in 25 bis 30 cm tiefes Wasser setzt. 'Zebrinus', die Zebrabinse faszi-niert wohl am meisten, da ihre hohlen zylindrigen Stängel für eine Wasserpflanze ein sehr auf-fälliges Muster zeigen. Wie ihr Name andeutet, haben ihre schmalen Blätter waagrechte Streifen ähnlich wie das Muster eines Stachelschweines. Sie wird etwa 1 bis 1,2 m hoch. Die ande-re gescheckte Variante 'Albes-cens' hat längs gestreifte Blätter, wächst meist kräftiger und wird etwa 1 bis 2 m hoch. Ihre Blüten sind unauffällig und zeigen sich als braune Ähren an den Spitzen der langen blattlosen Stängel. Binsen werden durch Teilung ihrer Wurzeln vermehrt.

Zwergrohrkolben
(Typha minima)

Dies ist der einzige Rohrkolben, der sich auch für sehr kleine Teiche eignet, da er nur 30 bis 45 cm hoch wird. Alle anderen Rohrkolben sind viel zu groß und ihre Wurzeln können Teichfolien beschädigen. Die Blätter des Zwergrohrkolbens sind nadel-artig, die dunkelbraunen Blüten-ähren rund und sehen ganz an-ders aus als die Schürhaken der kräftigeren Arten. Die Pflanze gewöhnt sich schnell an Körbe und erträgt eine Wassertiefe von 10 bis 15 cm in der Sonne. Die Vermehrung erfolgt über Wurzel-teilung im Frühjahr.

Links: Die attraktive Unterwasserpflanze Tausendblatt (*Myriophyllum aquaticum*) „kriecht" gern aus dem Teich heraus.

SCHWIMM-PFLANZEN

Diese Auswahl stellt leicht erhältliche Schwimmpflanzen vor. Wenn Sie einen Teich gerade erst angelegt haben, sind sie besonders wertvoll, da sie dem Wasser den dringend nötigen Schatten spenden.

Feenkraut
(Azolla filiculoides)

Dieser kleine mehrjährige Wasserfarn wird nur 2 mm hoch. Seine weichen, blassgrünen Blätter färben sich im Herbst purpurrot und wachsen in Trauben. Jedes Blatt hängt an einer einzigen feinen Wurzel. Feenkraut wuchert leicht, dünnen Sie es also regelmäßig aus. Es übersteht den Winter, indem es Überwinterungsknospen bildet, die auf den Teichgrund sinken und im späten Frühjahr, wenn sich das Wasser erwärmt, wieder auftauchen. Setzen Sie es in die pralle Sonne. Da es sich so schnell ausbreitet, können Sie es einfach durch Ableger vermehren. Es ist nicht überall winterhart.

Wasserhyazinthe
(Eichhornia crassipes)

Diese empfindliche Pflanze kann in gemäßigten Breiten nicht draußen überwintern. Sie können sie im Sommer kaufen, denn während der heißen Monate sieht die Wasserhyazinthe auf der Wasseroberfläche sehr beeindruckend aus. Sie wird bis zu 45 cm hoch und breit und ihre glänzend blassgrünen, 15 cm breiten Blätter wachsen in Rosetten. Die angeschwollenen schwammigen Blattansätze dienen als Schwimmkörper. In sehr warmen Sommern trägt sie blaue hyazinthenartige Blüten, die etwa 15 bis 25 cm hoch sind. In ihren langen, fedrigen, blauschwarzen Wurzeln können Goldfische wunderbar Eier ablegen. Die Wasserhyazinthe verbreitet sich wie Erdbeeren durch schnell wachsende Ausläufer. Die Pflanze gedeiht nur in warmen, sonnigen Gegenden. Zum Überwintern bringen Sie sie auf einem Tablett mit feuchter Erde in ein frostfreies Treibhaus. Die Vermehrung erfolgt über Ableger.

Krebsschere
(Stratiodes aloides)

Die Krebsschere ist eine winterharte, halbimmergrüne mehrjährige Pflanze, deren olivgrüne, 50 cm lange und 2,5 cm breite Blätter gezähnte Ränder besitzen und ziemlich große stachelige Rosetten bilden. Die Blattspitzen schauen oft aus dem Wasser heraus. Im Sommer bemüht sich die ganze Pflanze aus dem Wasser herauszuwachsen, um becherförmige weiße, manchmal auch rosa Blüten mit einem Durchmesser von etwa 4 cm zu tragen. Sie produziert viele Ableger.

Tipp

- *Zwischen den verworrenen Stängeln des Wassersterns leben unzählige winzige Teichbewohner. Seine jungen Blätter sind eine Lieblingsspeise der Goldfische.*
- *Die Goldkeule kann man auch als Uferpflanze ins flache Wasser setzen. Dort werden die Blätter größer und man sieht ihre Unterseite.*

UNTERWASSER-PFLANZEN

Diese Sauerstoffspender sind den ganzen Sommer über erhältlich, hauptsächlich als Bündel unbewurzelter Stängel. Die Pflanzen können Sie leicht vermehren, indem Sie im Sommer 20 bis 30 cm lange Stecklinge von den neuen Trieben abschneiden.

Wasserstern
(*Callitriche* sp.*)

Wassersterne sind kleine schmale Pflanzen, die gewöhnlich in einem dichten Geflecht wachsen. Man erkennt sie an den Rosetten hellgrüner Blätter, die einen Durchmesser von 5 bis 6 cm haben und am Ende der Stängel sitzen. Wenn die Blätter auf dem Wasser schwimmen, wird klar, woher die Pflanze ihren Namen hat. *C. stagnalis* ist eine winterharte Art mit dünnen verzweigten Stängeln. Ihre Blätter sind fast rund und stehen in Rosetten an den Stängelspitzen.

Hornblatt
(*Ceratophyllum demersum*)

Diese Pflanzen bilden gewöhnlich Trauben von 60 bis 90 cm langen Blättern. Zur Spitze hin verdichten sich Quirle von steifen, dünnen, dunkelgrünen Blättern. Sie sind besonders in schattigeren Teichen nützlich, wo das Licht für die meisten anderen Unterwasserpflanzen nicht ausreichen würde. Das Hornblatt ist häufig frei schwimmend oder nur sehr lose im Schlammgrund verankert, in stehendem und fließendem Wasser zu finden. Die brüchigen, in Quirlen stehenden Blätter sind dunkelgrün, 1,5 bis

4 cm lang und gespalten. Wie die meisten Unterwasserpflanzen besitzt das Hornblatt unauffällige, weiße männliche und grüne weibliche Blüten, die in den Blattachseln stehen. Zum Überwintern verkürzen und verdicken sich die Spitzen der Triebe, brechen ab und sinken auf den Teichgrund.

Tausendblatt, Papageienfeder
(*Myriophyllum* sp.*)

Das Tausendblatt tritt in verschiedenen Varianten auf, manche Arten „kriechen" aus dem Wasser und „klettern" auf die Teicheinfassung hinauf. *M. aquaticum* ist etwas empfindlicher, in gemäßigten Breiten muss es in tiefem Wasser stehen, damit es den Winter überleben kann. Trotzdem wird es häufig in Gartenteichen eingesetzt, wo seine anmutigen Blätter und Stängel in der nassen Erde über dem Was-

ser wurzeln. Die Stängel werden etwa 50 bis 150 cm lang, daran sitzen 2,5 bis 5 cm lange Blätter in Quirlen.

Krauses Laichkraut
(*Potamogeton crispus*)

Das Krause Laichkraut ist eine der wenigen Arten, die sich für Zierteiche eignet, da die meisten Laichkrautarten andere Unterwasserpflanzen ersticken. Seine Stängel können mehr als 4 m lang werden und tragen schmale stängellose Blätter, die etwa 8 cm lang und 0,5 bis 1 cm breit sind. Die Blätter sind sehr attraktiv, fast durchsichtig mit gewellten Rändern, sie sehen fast aus wie Seetang. Ihre Farbe variiert von Grün zu rötlichem Braun. Das Krause Laichkraut wird mit trübem Wasser fertig.

Unten: Der Wasserstern (*Callitriche stagnalis*) ist einer der wirksamsten Sauerstoffspender, der auch im Winter weiter „arbeitet" und nicht – wie die empfindlicheren Unterwasserpflanzen – abstirbt.

Links: Afrikanische Wasserähre (*Aponogetum distachyos*). Die herrlichen purpurbraunen Staubblätter muss man aus der Nähe betrachten, um sie richtig schätzen zu können. Die Blätter dieser Schwimmblattpflanzen bilden einen starken Kontrast zu den runden Blättern der Seerosen.

SCHWIMMBLATT-PFLANZEN

Obwohl die Seerosen den größten Teil dieser Pflanzengruppe ausmachen, gibt es einige Sorten von Schwimmblattpflanzen, die eine Abwechslung zu den runden Blättern der Seerosen darstellen und zudem interessante Blüten besitzen. Sie sehen allerdings nicht nur gut aus, sondern spenden dem Wasser mit ihren Blättern auch Schatten.

Afrikanische Wasserähre
(*Aponogeton distachyos*)
Eine winterharte, mehrjährige Wasserpflanze mit länglichen, leuchtend grünen Blättern, die bis zu 20 cm lang und 8 cm breit werden und in milden Wintern fast immergrün sind. Die stark duftenden Blüten blühen häufig in zwei Schüben: Die Hauptblüte ist im Frühling, mit einer zweiten Blüte überrascht uns die Pflanze im Herbst. Die wunderschönen weißen Blüten mit purpurbraunen Staubblättern sind 10 cm lang und stehen über der Wasseroberfläche. Die Pflanze ist, besonders was Schatten anbetrifft, sehr tolerant. Ihre langen Blätter setzen interessante Akzente auf der Wasseroberfläche. Pflanzen Sie Wasserähren in 30 bis 90 cm tiefes Wasser. Zur Vermehrung teilen Sie im Frühjahr den Wurzelstock in 5 cm lange Stücke mit jeweils 2 bis 3 Vegetationsknospen.

Goldkeule
(*Orontium aquaticum*)
Eine langsam wachsende, mehrjährige, winterharte Pflanze, die in 35 bis 40 cm tiefem Wasser gedeiht. Sie besitzt große blaugrüne, samtige lanzettförmige Blätter, deren Unterseiten silbrig glänzen. Wenn das Wasser tiefer als 30 cm ist, schwimmen die Blätter auf dem Wasser. Sie werden 15 bis 30 cm lang und 13 cm breit und sind mit einer wachsartigen Schicht überzogen. Die ungewöhnlichen, weißen bleistiftähnlichen Blüten tauchen mit ihren gelben Spitzen aus dem Wasser auf. Die Vermehrung erfolgt über Samen, die im Hochsommer frisch ausgesät werden.

Wasserknöterich
(*Polygonum amphibium*)
Eine mehrjährige, winterharte Pflanze, die sowohl auf dem Land als auch im Wasser wächst. Am wohlsten fühlt sie sich an einem sonnigen Platz im Wasser, wo ihre hübschen dichten Ähren mit 5 cm langen rosa Blüten im Hochsommer aus dem Wasser ragen. Sie hat schwimmende Blätter, die 8 bis 10 cm lang und 2 bis 4 cm breit werden und an 30 bis 90 cm langen Stielen sitzen. Der Wasserknöterich wächst in höchstens 45 cm Wassertiefe, er sieht in Naturteichen oder Teichen mit schwankendem Wasserspiegel attraktiv aus. Ein zusätzlicher Pluspunkt sind die schönen Farbtöne seiner Blätter im Herbst. Zur Vermehrung teilen Sie die Stängel, an jedem Stück sollte eine Wurzel hängen.

Rechts: Nymphaea 'Pink Sensation'. Eine sehr reich blühende Seerose mit dem Pluspunkt, dass ihre Blüten am Nachmittag länger geöffnet bleiben als die der meisten anderen Sorten.

SEEROSEN

Alle Seerosen tragen den Gattungsnamen *Nymphaea*. Die Familie der Seerosengewächse ist eine der ältesten Familien von Wasser- und Sumpfpflanzen, sie ist auf der ganzen Erde zu finden. Die Auswahl in diesem Buch stellt die winterharten Sorten vor, die auch überleben, wenn der Teich im Winter zufriert.

In wärmeren Breiten gibt es eine ebenso umfassende Auswahl an tropischen Sorten, die bei Nacht oder bei Tag blühen.

Seerosenblüten sind unterschiedlich groß, stehen jedoch immer in Proportion zum Blatt, angefangen von 2,5 cm bei den Zwergseerosen bis zu 30 cm bei manchen tropischen Sorten. Es gibt Seerosen für jede Teichgröße, von Fässern und Wannen bis hin zu großen Tümpeln. Alle sollten an einem geschützten, sonnigen Platz stehen, ohne Wasserbewegung um ihre Blätter. Ihre Vermehrung erfolgt im Sommer über die Teilung der Wurzelstöcke.

Die angegebene Pflanztiefe bezieht sich auf die Wassertiefe über dem Pflanzpunkt, nicht auf die Teichtiefe. Die Ausdehnung bezieht sich auf die durchschnittliche Größe der Fläche, die die Blätter schließlich bedecken werden. In kleinen Pflanzkörben erreichen sie diese Maße unter Umständen nicht.

Rosafarbene Sorten

N. 'Darwin' *(früher* 'Hollandia'*)*
Eine gefüllte pfingstrosenähnliche Blüte mit einem Durchmesser von 15 bis 19 cm. Ihre inneren Blütenblätter sind hellrosa, die äußeren noch heller, fast weiß und stehen um rosagelbe Staub-blätter. Junge Blätter sind bräunlich bis grün, rund und haben einen Durchmesser von 20 bis 25 cm. Ausdehnung 1,2 bis 1,5 m, Pflanztiefe 30 bis 60 cm.

N. 'Perry's Pink'
Sternförmige Blüten mit einem Durchmesser von 15 bis 18 cm. Sie besitzen satt rosa Blütenblätter und gelbe bis orangefarbige Staubblätter. In ihrer Mitte haben sie einen ungewöhnlichen roten Punkt. Am schönsten blüht 'Perry's Pink' in einem großen Wasserpflanzenkorb. Junge Blätter sind rund und rötlich bis purpurfarben, später werden sie dann grün. Ihr Durchmesser beträgt bis zu 28 cm. Ausdehnung 1,2 bis 1,5 m, Pflanztiefe 30 bis 60 cm.

N. 'Pink Sensation'
Becherförmige, später sternförmige Blüten mit einem Durchmesser von 13 bis 15 cm. Rosa Blütenblätter umgeben gelbe und rosa Staubblätter. Die kupferfar-

später rund und grün mit einem Durchmesser von 15 cm. Eine sehr gute Seerose für kühleres Klima und Fässer oder kleine Teiche. Ausdehnung 90 cm; Pflanztiefe 15 bis 30 cm.

N. 'James Brydon'

Becherförmige Blüten mit einem Durchmesser von 10 bis 13 cm. Sie besitzen leuchtend rosenrote Blütenblätter und orangerote Staubblätter. Ihre jungen purpurroten Blätter mit dunklen purpurfarbenen Flecken werden später rund und grün mit einem Durchmesser von 18 cm. Eine wegen ihrer Farbe und Blütenzahl sehr beliebte Sorte für Fässer oder mittelgroße Teiche. Ausdehnung 0,9 bis 1,2 m; Pflanztiefe 30 bis 45 cm

N. 'Lucida'

Sternförmige Blüten mit einem Durchmesser von 13–15 cm. Ihre inneren Blütenblätter sind rot, die äußeren rosa geädert und weißlich rosa. Sie umgeben gelbe Staubblätter. Ihre erwachsenen ovalen Blätter werden 25 cm lang und 23 cm breit mit großen purpurfarbenen Flecken. Diese Seerose eignet sich für alle Teichgrößen, ist reich blühend und hat besonders attraktive Blätter. Ausdehnung 1,2 bis 1,5 m; Pflanztiefe 30 bis 45 cm.

N. 'Radiant Red'

Eine sternförmige Blüte mit langen Kelchblättern und einem Durchmesser von 13 bis 15 cm. Ihre Blütenblätter sind tiefrot und leicht gesprenkelt, ihre Staubblätter orange. Die jungen Blätter sehen leicht bräunlich aus, bevor sie grün werden. Sie sind fast rund mit einem Durchmesser von bis zu 25 cm. Ausdehnung 1 bis 1,2 m; Pflanztiefe 30 bis 45 cm.

benen jungen Blätter entwickeln sich zu runden grünen Blättern mit einem Durchmesser von bis zu 25 cm. Eine der besten rosa Varianten, deren Blüten am Nachmittag lange geöffnet bleiben. Ausdehnung 1,2 m, Pflanztiefe 30 bis 46 cm.

Rot

N. 'Charles de Meurville'

Sternförmige Blüten mit einem Durchmesser von 15 bis 18 cm, die äußeren Blütenblätter sind rosa bis rot und die inneren rot. Sie stehen um leuchtend orange Staubblätter. Die dunkelgrünen Blätter sind mit hellgrünen Adern durchzogen und werden 25 cm lang und 20 cm breit. Sie blüht als eine der ersten Seerosen mit fast weinroten Blüten, die gelegentlich von Weiß durchzogen sind. Ausdehnung 1,2 bis 1,5 m; Pflanztiefe 45 bis 60 cm.

N. 'Escarboucle'

Becherförmige, später sternförmige Blüten mit einem Durchmesser von 15 bis 18 cm und leuchtend zinnoberroten Blütenblättern – die äußeren haben weiße Spitzen – und tief orangefarbigen Staubblättern. Ihre bräunlichen jungen Blätter werden später rund und grün mit einem Durchmesser von 25 bis 28 cm. Eine der besten roten Varianten für mittelgroße und große Teiche, sie bleibt am Nachmittag länger geöffnet als die meisten anderen roten Sorten. Ausdehnung 1,2 bis 1,5 m; Pflanztiefe 30 bis 60 cm.

N. 'Froebelii'

Becherförmige, später sternförmige Blüten mit einem Durchmesser von 10 bis 13 cm. Sie haben weinrote Blütenblätter und orangerote Staubblätter. Die jung bronzeroten Blätter werden

N. 'Vesuve'

Sternförmige, duftende Blüten mit einem Durchmesser von 18 cm und nach innen zeigenden glutroten Blütenblättern, deren Farbe im Alter noch dunkler wird. Sie stehen um orange Staubblätter. Ihre fast runden grünen Blätter haben einen Durchmesser von 23 bis 25 cm. 'Vesuve' öffnet sich früh am Morgen und schließt sich erst wieder spät am Nachmittag und hat eine lange Blütezeit. Ausdehnung 1,2 m; Pflanztiefe 30 bis 45 cm.

N. 'William Falconer'

Becherförmige Blüten mit einem Durchmesser von 10 bis 13 cm, tiefroten Blütenblättern und weinroten Staubblättern. Die jungen purpurfarbenen Blätter werden später rund und grün mit einem Durchmesser von 20 cm. Diese Sorte eignet sich gut für kühles Klima, da sie Hitze nicht verträgt und dann nicht mehr blüht. Ausdehnung 1 m; Pflanztiefe 30 bis 45 cm.

Weiß

N. 'Gladstoniana'

Eine sternförmige Blüte mit einem Durchmesser von 13 bis 18 cm und weißen Blütenblättern um gelbe Staubblätter. Ihre jungen bräunlichen Blätter werden später fast rund und grün, besitzen einen gewellten Rand und einen Durchmesser von 28 bis 30 cm. Um die Blattspreite kräuseln sich die Ränder. Eine sehr reich blühende Seerose, sie sich am besten für größere Teiche eignet. Ausdehnung 1,5 bis 2,4 m; Pflanztiefe 45 bis 60 cm.

N. odorata minor

Die kleinen sternförmigen Blüten mit einem Durchmesser von 8 cm besitzen weiße Blütenblät-ter um auffällig goldgelbe Staubblätter. Ihre grünen Blätter sind fast rund und haben einen Durchmesser von 8 bis 10 cm, ihre Unterseiten sind dunkelrot. Sie wirkt am besten in Wannen oder flachen Teichen, braucht jedoch einen sonnigen Platz. Ausdehnung 60 cm; Pflanztiefe 25 bis 30 cm.

N. 'Virgina'

Sternförmige, fast gefüllte, duftende Blüten mit einem Durchmesser von 15 bis 18 cm und beigen bis blassgelben Blütenblättern in der Mitte. Ihre äußeren Blütenblätter sind strahlend weiß, die Staubblätter gelb. Die jungen Blätter sind grün mit vielen purpurfarbenen Flecken, die bei den 25 cm langen und 23 cm breiten erwachsenen Blättern nur noch am äußeren Rand auftreten. Eine klassische reich blühende Seerose. Ausdehnung 1,5 bis 1,8 m; Pflanztiefe 30 bis 60 cm.

Gelb

N. 'Marliacea Chromatella'

Becher- bis sternförmige Blüten mit einem Durchmesser von 15 cm und breiten, eingebogenen, kanariengelben Blütenblät-tern um goldene Staubblätter. Junge kupferfarbene Blätter zeigen purpurne Streifen und werden zu attraktiven purpurgefleckten, runden grünen Blättern mit einem Durchmesser von 15 bis 20 cm. Eine der besten und zuverlässigsten gelben Seerosen, die in jeder Teichgröße gedeiht. Ausdehnung 1,2 bis 1,5 m; Pflanztiefe 30 bis 45 cm.

N. tetragona 'Helvola'

Becherförmige, später sternförmige Blüten mit einem Durchmesser von höchstens 5 bis 8 cm und gelben Blütenblättern und Staubblättern. Ihre Blätter sind oval, 13 cm lang und 9 cm breit, stark gesprenkelt mit purpurnen Flecken und einer purpurfarbenen Unterseite. Diese entzückende kleine Seerose eignet sich perfekt für ein Fass oder Waschbecken. Ausdehnung 60 cm; Pflanztiefe 15 bis 25 cm.

Links: *Nymphaea* 'Vesuve'. Eine bewährte ältere, rote Sorte mit einer langen Blütezeit.
Rechts: *Nymphaea* 'Marliacea Chromatella'. Eine der schönsten und zuverlässigsten gelben Seerosen.

8 TEICHPFLEGE

Ein Teich unterscheidet sich von allen anderen Schmuckelementen im Garten dadurch, dass er eine Miniaturwelt aus winzigen Mikroorganismen bildet, die zusammen einen ausgewogenen Lebensraum schaffen. Mit guter Bau- und Pflanztechnik lässt sich dieses Gleichgewicht relativ schnell herstellen und ohne große Mühe auch unbegrenzt erhalten. Doch gelegentlich treten Probleme auf, die nicht direkt auf Schädlinge und Krankheiten zurückzuführen sind, die Fische und Pflanzen angreifen. Auf den folgenden Seiten werden die häufigsten Teichprobleme zusammen mit praktischen Lösungswegen vorgestellt.

WASSER-
VERFÄRBUNGEN

Dies ist bei kleinen Gartenteichen bei weitem das häufigste Problem. Wenn Sie es nicht lösen, kann der Teich einen großen Teil seiner Attraktivität einbüßen, bis Sie schließlich ganz das Interesse daran verlieren.

Grünes Wasser

Dies ist die häufigste Wasserverfärbung, sie hängt mit der Wechselwirkung zwischen Größe, Tiefe und Bepflanzung zusammen. Grünes Wasser wird durch winzige einzellige Algen verursacht, die im warmen, besonnten Wasser, das reich an Mineralien ist, gedeihen. Dieser Zustand tritt meistens kurz nach dem Einfüllen eines neuen Teiches auf, da man dazu in der Regel mineralstoffreiches Leitungswasser verwendet und die Teichbepflanzung sich noch nicht etabliert hat. Klares Wasser kann fast über Nacht grün werden, doch lässt sich dieser Prozess beinahe ebenso schnell wieder umkehren, wenn die nötigen Faktoren zusammenwirken und die Algen zerstören.

Wenn der Teich noch relativ neu ist und Sie die richtige Pflanzenmischung eingesetzt haben, lassen Sie ihn am besten erst einmal einige Wochen, manchmal sogar Monate in Ruhe, bis die Pflanzen ins Gleichgewicht gekommen sind. Keine Lösung ist in diesem Fall, den Teich neu einzulassen. Der Teich wird nämlich sofort wieder genauso grün.

Wenn dieser Zustand in einem älteren Teich andauert, gibt es vermutlich eine oder mehrere mögliche Ursachen.

Heilung durch Bepflanzung

Eine mögliche Ursache für grünes Wasser ist das Fehlen von Unterwasserpflanzen, denn diese lassen Grünalgen verhungern. Setzen Sie einfach zusätzliche Unterwasserpflanzen in den Teich. Halten Sie dabei auch bei einem älteren Teich den Richtwert von 5 Büscheln pro Quadratmeter ein, wenn sein Wasser immer noch grün ist. Bei fast klarem Wasser sorgen Sie mit einigen zusätzlichen Schwimmpflanzen für Schatten. Diese soll-

ten mindestens zwei Drittel der Wasseroberfläche bedecken.

Normalerweise sind hierfür Seerosenblätter ideal, doch im Frühjahr und bei frisch bepflanzten Teichen ist dies nicht ganz so leicht.

Auch mit diesen zusätzlichen Pflanzen klärt sich das Wasser nur frustrierend langsam, Sie müssen also viel Geduld mitbringen. Wenn die Bepflanzung das Problem auf lange Sicht nicht beseitigt, kann dies an der Teichform liegen. Kleine flache, tellerförmige Teiche sind besonders anfällig für Grünalgen, da sich das Wasser schnell aufheizt und viel Licht in alle Tiefenzonen vordringt. Diese flachen Teiche verlieren viel mehr Wasser durch Verdunstung als größere und tiefere Teiche und wenn Sie diesen Wasserverlust zu oft mit Leitungswasser ausgleichen, bekommen die Algen jedes Mal einen frischen Mineralienvorrat.

Chemische Mittel

Das Verhältnis von Wasseroberfläche zu Wassermenge ist bei flachen Teichen vermutlich so groß, dass sich das richtige Gleichgewicht nicht einstellen kann. Deshalb müssen Sie vielleicht zu Chemikalien greifen, um klares Wasser zu bekommen und auch zu behalten. Es gibt viele verschiedene chemische Mittel, die Algen töten. Eine einzige Anwendung eines Algenmittels reicht jedoch nicht für immer und über kurz oder lang werden Sie es noch einmal anwenden müssen, da die Algen wieder nachwachsen. Um das Algenmittel richtig zu dosieren, müssen Sie die Wassermenge in Ihrem Teich berechnen. Ohne diese Berechnung besteht die Gefahr einer Überdosierung, die Fischen und Pflanzen langfristig schadet.

Berechnen Sie zuerst die Oberfläche Ihres Teiches, indem Sie bei rechteckigen oder quadratischen Teichen Länge mal Breite nehmen. Bei nierenförmigen oder unregelmäßig geformten Teichen nehmen Sie die maximale Länge und die maximale Breite, indem Sie ein imaginäres Rechteck um den Teich ziehen. Kompliziertere Teichformen teilen Sie in zwei oder drei Abschnitte, indem Sie imaginäre Rechtecke um sie herum ziehen und berechnen dann die Fläche eines jeden Rechtecks. Diese Ergebnisse zählen Sie zusammen, sodass Sie die Gesamtfläche erhalten. Bei runden Teichen nehmen Sie die folgende Formel mit der mathematischen Konstante π (pi = 3,142) zu Hilfe, die das Verhältnis von Kreisumfang zu Kreisdurchmesser bezeichnet. Die Oberfläche eines runden

Teiches berechnen Sie, indem Sie den Radius des Teiches mit sich selbst und diese Zahl mit π (3,142) multiplizieren.

Die Wassermenge des Teiches berechnen Sie dann, indem Sie die Oberfläche mit der Tiefe multiplizieren. Wenn Sie in Metern gerechnet haben, multiplizieren Sie das Ergebnis mit 1000, so erhalten Sie die Wassermenge in Litern.

Die Nährstoffzufuhr unterbinden

Ein letzter Versuch, wie Sie anhaltend grünes Wasser heilen können, ist sicherzustellen, dass bei schweren Niederschlägen kein Wasser aus der Teichumgebung in den Teich sickert. Wasser, das aus dem Garten in den Teich fließt, ist meistens sehr nährstoffreich, besonders wenn der Rasen um den Teich regelmäßig gedüngt wird.

Braunes Wasser

Dieses Problem tritt hauptsächlich bei Teichen mit großen Fischen wie Kois auf, da diese den Schlamm am Teichgrund aufwühlen. In Naturteichen mit einer dicken Schlammschicht auf dem Grund ist dies schon fast ein Dauerzustand. Den Fischen schadet das überhaupt nicht. Es stört eher deswegen, weil man den Teichgrund nicht mehr sehen kann. Algenmittel helfen in diesem Fall nichts. Sie können jedoch Flockungsmittel benutzen, die die feinen schwimmenden Partikel binden und sinken lassen. Allerdings hilft dies nur, wenn dieser Zustand nur einmal auftritt. Wollen Sie die Fische auf dem Teichgrund unbedingt sehen, sollten Sie überlegen, ob Sie den Teich nicht mit einer guten Filteranlage mit Pumpe ausstatten.

Schwarzes Wasser

Viele Teichbesitzer, besonders in Nordamerika, geben eine Pflanzenfarbe ins Wasser, damit es pechschwarz wird. Dadurch können sie bessere Spieglungen sehen und so interessante optische Effekte schaffen. Verwechseln Sie diesen Brauch jedoch nicht mit einem Zustand, der in Teichen auftritt, in denen sich zu viel organisches Material, wie z.B. Laub, auf dem Grund angesammelt hat. Diese Massen von organischem Material verfaulen und lassen das Wasser schwarz werden – für Fische ist dieser Wasserzustand sehr giftig. Man beseitigt ihn, indem man das Wasser in zwei oder drei Schritten austauscht und das frische Wasser möglichst entchlort. Spannen Sie im Herbst ein Netz über den Teich. So können keine Blätter in den Teich fallen. Unterwasserpflanzen sollten Sie regelmäßig zurückschneiden.

Milchiges Wasser

Wenn tote Fische oder andere tote Tiere, wie z.B. Frösche im Wasser verwesen, kann das Wasser etwas milchig werden. Hier müssen Sie das Wasser komplett auswechseln und gleichzeitig überprüfen, ob auf dem Teichgrund keine toten Tiere mehr verborgen sind.

Ölige Wasseroberfläche

Ein dünner schmieriger Film auf einem Teil der Wasseroberfläche wird meist durch verfaulende Seerosenblätter verursacht. Schneiden Sie absterbende Seerosenblätter ab, bevor sie verrotten, und entfernen Sie die dünnen öligen Flecken, indem Sie eine Zeitung auf die Wasseroberfläche legen. Ziehen Sie die Zeitung nach ein oder zwei Minuten ans Ufer, dann hat sie das ölige Material aufgesogen. Eine Zeitung empfiehlt sich auch, wenn der Teich in der Nähe von Nadelbäumen liegt, die ständig Blütenstaub, Staub und feine Nadelpartikel verlieren. Sie saugt alle Stoffe auf, die zu leicht sind, um durch den dünnen Film der Wasseroberfläche zu sinken.

Saures oder alkalisches Wasser

Eine extreme Wasserbeschaffenheit kann in manchen Gegenden unter bestimmten Umständen auftreten, auch wenn man dies oft nicht an einer Wasserverfärbung erkennt. Sehr alkalisches oder hartes Wasser tritt zumeist da auf, wo auch das Leitungswasser kalkhaltig ist und regelmäßig zum Teichauffüllen verwendet wird.

Sie sollten den Säure- oder Härtegrad des Teichwassers kennen, um Extremwerte in der einen oder anderen Richtung zu vermeiden, denn dadurch können Fische und Pflanzen Probleme bekommen. Einfache Wassertests gibt es überall und sie sind auch gar nicht teuer. Einmal pro Jahr sollten Sie damit die Wasserqualität überprüfen.

Wenn sich im Teich viel verfaulendes organisches Material sammelt, wird das Wasser sauer und schwächt Fische und Pflanzen. Zur Lösung empfiehlt sich hier ein Wasserwechsel. Wenn das Leitungswasser bereits sehr alkalisch ist, benutzen Sie Regenwasser, das Sie in einer Wassertonne gesammelt haben. Versuchen Sie nicht, saures Wasser mit Kalk auszugleichen. Das Wasser würde sich zu schnell verändern und Fische könnten darunter leiden oder sogar eingehen.

Links: Ein flacher Teich oder Strand ist eine ideale Umgebung für Fadenalgen. Wegen der Steine lassen sich die Algen nur schwer herausziehen.

FADENALGEN

Fadenalgen sind nicht die Algensorte, die das Teichwasser trüben und es wie Erbsensuppe aussehen lassen. Fadenalgen sind vielmehr ein Problem, das hauptsächlich in glasklarem Wasser auftritt. Sie bilden große Teppiche aus grünem Fasermaterial und in allen Wassertiefen Klumpen. Das ist sehr gefährlich, da es Pumpenfilter verstopft und sich kleine Fische und andere winzige Teichtiere in dem Gewebe verfangen. Am schlimmsten wuchern Fadenalgen in flachem alkalischem Wasser, das in der prallen Sonne liegt. Kleine, flache Bäche und Kiesteiche sind besonders anfällig, da sie sich dort auf jeder zusätzlichen Oberfläche festsetzen.

Sie können sie mit der Hand herausnehmen, müssen dies allerdings regelmäßig tun. Da sie

sich so gern verschlingen, können Sie sie gut um einen gegabelten Stock wickeln, den Sie ins Wasser tauchen. Darüber hinaus gibt es viele chemische Mittel. Sie alle machen das Wasser saurer und wenn Sie einen großen Teich mit diesem Problem haben, kann Sie dies ein kleines Vermögen kosten. Je stärker die Mittel sind, umso wahrscheinlicher schaden sie anderen Unterwasserpflanzen, Seerosen und Tieren. Seien Sie deshalb hinsichtlich der Dosierung und der Häufigkeit der Anwendung sehr vorsichtig, weniger ist oft mehr.

Bekämpfungsmethode

Fadenalgen lassen sich nicht so einfach beseitigen, deshalb empfiehlt sich eine Kombination aus folgenden Methoden.

- Sorgen Sie mit Seerosenblättern für Schatten.
- Halten Sie Oberflächen so sauber wie möglich, damit sich die Fadenalgen nicht auf ungewöhnlichen Formen festsetzen können.
- Verkleinern Sie flache Uferstrände, an denen sich das Wasser schnell erwärmt, und schaffen Sie stattdessen tiefere senkrechte Ufer, die kühler sind.
- Füllen Sie den Teich in Gegenden mit hartem Wasser möglichst mit Regenwasser auf.
- Legen Sie sich einen gegabelten Stock zu, sodass Sie das Unkraut abfischen können, bevor es große Klumpen bildet.
- Chemische Mittel sollten Sie nur im Notfall benutzen.

Rechts: Pflanzen in Kübeln sollten Sie regelmäßig herausholen und teilen. Setzen Sie die geteilte Pflanze in frische Erde, bevor Sie sie wieder in den Teich geben.

VERNACHLÄSSIGTE, ZUGEWACHSENE TEICHE

Die meisten Teiche sind irgendwann einmal so zugewachsen, dass Sie den verrotteten Schlick auf dem Grund nur noch durch eine komplette Teichreinigung entfernen und so die alten Seerosen wieder zum Blühen bringen können. Seerosen „entkommen" leicht aus ihren Pflanzkörben und wachsen dann im Schlamm auf dem Teichgrund. Schon bald beherrschen ihre Blätter den Teich, ruinieren sein Erscheinungsbild und nehmen in einem kleinen Teich auch noch den Fischen Platz weg.

Wenn sich die Seerosenblätter über die Wasseroberfläche erheben, bedeutet dies, dass Sie die Pflanze teilen müssen. Dies geht am besten, wenn Sie gleich den ganzen Teich reinigen.

Ideal ist ein Mittelweg zwischen einem klinisch sauberen Teich, der Unterwassertieren oder Amphibien keine Heimat bietet, und einem überwucherten und verschlammten Teich. Bei der Teichreinigung sollten Sie eine kleine Menge vom alten Schlamm und Wasser wieder in den Teich geben, damit mikroskopisch kleine Lebewesen überleben. Wenn Sie den Teich zusätzlich mit Regenwasser auffüllen können, stellt auch dies das biologische Gleichgewicht schnell wieder her.

Der Zeitpunkt für die Reinigung

Ein guter Zeitpunkt ist Hoch- oder Spätsommer, da man den Teichbewohnern dann am wenigsten schadet und sie sich vor dem Winter noch gut wieder einleben können. Wenn Sie den Teich zu früh im Jahr leeren, stört dies Amphibien beim Winterschlaf. Im Herbst, wenn Pflanzen und Tiere allmählich ruhen, verfaulen viele geteilte oder gestörte Pflanzen und viele Amphibien könnten sterben. Die Teichreinigung ist eine stinkende und schmutzige Angelegenheit. Man erledigt sie am besten an einem kühlen be-

Links: Vernachlässigte Seerosen strecken ihre Blätter weit über die Wasseroberfläche hinaus und tragen nur wenige Blüten. Hier bleibt Ihnen nichts anderes übrig als den Teich komplett auszuräumen, die Seerosen auszudünnen und aus den jungen Trieben neue zu ziehen.

wölkten Tag, da starker Sonnenschein die Teichbewohner in ihrer vorübergehenden Behausung zusätzlich belastet.

Der Schutz der Fische

Planen Sie vorher genau, wie Sie eine angemessene Sauerstoffversorgung der Fische gewährleisten können. Ein großer wertvoller Fisch würde schnell sterben, wenn er nur ein paar Stunden in einem Behälter mit warmem Wasser ohne ausreichende Sauerstoffversorgung bleiben müsste. Große Fische leiden weniger unter Sauerstoffmangel, wenn Sie eine kleine Luftpumpe, wie sie im Aquarium benutzt wird, im Übergangsbecken installieren. Füllen Sie das Übergangsquartier der Fische mit Teichwasser.

Der Reinigungsprozess

Wenn Sie eine Unterwasserpumpe haben, so schließen Sie diese an einen Gartenschlauch an und pumpen das Wasser in einen nahe liegenden Abfluss. Ohne Pumpe geht das Umfüllen mit einem Heber schneller als mit der Hand.

Wenn Sie Fische haben, lassen Sie zunächst nur so viel Wasser aus, dass Sie sie leicht einfangen können. Wenn der Schlamm am Teichgrund erst einmal aufgewirbelt ist und die Fische nervös und dadurch schwerer zu fangen sind, müssen Sie warten, bis nur noch wenig Wasser am Teichgrund ist, da Sie bis dahin die Fische nicht sehen können.

Entfernen Sie zunächst die Uferpflanzen und bringen Sie sie an einen Schattenplatz in der

Tipp

- Ziehen Sie zur Teichreinigung spezielle Teichhandschuhe an. Diese haben lange PVC-Ärmel, die an dicke Gummihandschuhe geschweißt sind, und dehnbare Öffnungen, sodass Ihre Hände und Arme bei der Arbeit völlig trocken bleiben.
- Tragen Sie keine Stiefel mit beschlagenen Sohlen, wenn Sie in einen Folienteich hineinsteigen müssen. Diese können nämlich die Folie beschädigen.
- Fassen Sie Fische mit einem nassen Handtuch an, damit Sie ihre Schuppen nicht verletzen.
- Mit einem Springbrunnen können Sie Fischen über einen eventuellen Sauerstoffmangel in ihrem Übergangsheim hinweghelfen.

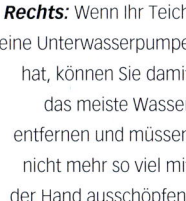
Rechts: Wenn Ihr Teich eine Unterwasserpumpe hat, können Sie damit das meiste Wasser entfernen und müssen nicht mehr so viel mit der Hand ausschöpfen.

Nähe. Wenn die Reinigung nicht länger als ein oder zwei Tage dauert, ist genug Wasser in ihrer nassen Pflanzerde. Fangen Sie so viele Fische wie möglich, solange das Wasser noch klar ist, dann waten Sie in den Teich und holen die Körbe mit den Schwimmblattpflanzen wie Seerosen heraus. Das ist anstrengend, da sich die Seerosen am Boden festhalten. Suchen Sie sich also Hilfe.

Decken Sie die Pflanzen dann mit nassen Zeitungen zu und bringen Sie sie an einen möglichst schattigen Ort. Wie Uferpflanzen überleben auch Seerosen ein oder zwei Tage, solange die Zeitungen immer nass sind. Nehmen Sie die Körbe mit den Unterwasserpflanzen heraus und schneiden Sie die Pflanzen gut zurück. Stellen Sie sie dann schnell in Übergangsbehältern wieder unter Wasser, sonst verwelken und sterben sie.

Wenn Sie alle Pflanzen entfernt haben, ziehen Sie ein weiches Netz durch das schlammige Wasser, um die restlichen Fische zu fangen. Pumpen Sie dann so viel Wasser aus dem Teich, wie die Pumpe schafft. Etwas Wasser

wird im Teich bleiben, das die Pumpe nicht herausbekommt. Schöpfen Sie es mit der Hand heraus und geben Sie es in Eimer am Teichufer. Diesen Schlamm können Sie für nahe Beete verwenden, anstatt ihn in den Abfluss zu schütten, wo er unter Umständen Schlammfänger verstopft. Entfernen Sie den dickeren Schlick mit einem Plastikeimer oder einer Kehrschaufel. Passen Sie bei einem Folienteich aber auf, dass Sie die Folie nicht beschädigen. Behalten Sie etwas Schlick, damit Sie ihn in den frisch gesäuberten Teich geben können.

Wenn Sie alle Pflanzen und Fische entfernt haben, schrubben Sie Algen von den Teichwänden und dem Teichgrund. Wasser, das dadurch verschmutzt wird, können Sie abschöpfen.

Das Wiederauffüllen

Füllen Sie den Teich wieder so weit auf, dass Sie die frisch geteilten Seerosen und Uferpflanzen einsetzen können. Pflanzen Sie die zurückgeschnittenen Unterwasserpflan-

zen wieder ein, zusammen mit dem Schlamm, den Sie vor der Reinigung aus dem Teich genommen haben.

Wenn die Schwimmblattpflanzen an ihrem Platz sind, können Sie die Fische wieder in den Teich setzen. Schütten Sie auch das ursprüngliche Teichwasser, in dem die Fische untergebracht waren, wieder in den Teich. Zu guter Letzt pflanzen Sie die Uferpflanzen ein, nachdem Sie diese geteilt und in frische Erde gesetzt haben. Dann können Sie den Teich bis zu seinem endgültigen Wasserstand auffüllen.

Verstreuen Sie Schwimmpflanzen auf dem Wasser, um den Fischen das Einleben zu erleichtern. So fällt nicht so viel Licht in den Teich und die Fische sind von oben gut gegen Teichräuber wie Katzen oder Reiher geschützt.

ZUGEFRORENE TEICHE

Ein harter Winter kann bedeuten, dass ein Teich mehrere Wochen lang ganz zufriert. Fische und Pflanzen überstehen dies normalerweise, wenn der Teich tief genug ist, dass das Wasser nicht bis zum Grund gefriert. Probleme können auftreten, wenn dieser Zustand mehrere Wochen anhält und sich unter dem Eis Blasen bilden. Diese Blasen sind meistens Methan von verfaulenden Pflanzen, das normalerweise in die Luft abgegeben wird, ohne Schaden anzurichten. Wenn es lange Zeit unter dem Eis gefangen ist, wird das Gas wieder vom Wasser aufgenommen und somit giftig für die Fische. Sie können daran sterben.

Gegenmaßnahmen

Wenn ein Stromanschluss in der Nähe ist, können Sie mit einer kleinen elektrischen Teichheizung einen kleinen Teil des Teiches eisfrei halten. Ansonsten können Sie auch einen Topf mit kochendem Wasser auf das Eis stellen, bis ein kleines Loch in das Eis geschmolzen wurde. Dies müssen Sie dann täglich tun oder so oft wie nötig, um das Loch im Eis zu erhalten. Versuchen Sie nie, das Eis mit einem Hammer oder anderem Werkzeug zu brechen. Die starken Schwingungen, die durch das Hämmern entstehen, schaden den Fischen in der Winterstarre.

Bei länger anhaltendem Eis helfen Luftlöcher in der Eisschicht, sodass das Methangas entweichen kann. Bei strengem lang andauerndem Frost kann sich die Eisfläche ausdehnen und Druck auf die Wände eines Betonteiches ausüben. Diesen Druck können Sie durch Tennisbälle, leere Plastikkanister, Styroporplatten oder andere flexible Objekte auffangen. Geben Sie sie einfach in den Teich, sobald schlechtes Wetter angekündigt wird.

STRUKTURELLE PROBLEME

Probleme bei Tonteichen

Ein gut gepflegter Tonteich sollte sich unbegrenzt halten, vorausgesetzt Sie tun alles, damit keine Wurzeln von innen oder von Bäumen in der Nähe durch den Ton dringen. Achten Sie bei der Teichpflege vor allem darauf, dass der Teich nie austrocknet, da dies irreparablen Schaden anrichtet. Füllen Sie bei Trockenheit den Teich auf und lassen Sie nie frische Luft an den Ton heran.

Bei einem dicht bepflanzten Teich lässt es sich nicht vermeiden, dass sich am Boden verfaulendes organisches Material ansammelt, das man alle fünf bis sieben Jahre herausheben sollte. Danach ersetzen Sie die Erde. In einen Tonteich können Sie durchaus Fische setzen, allerdings keine Grundfresser wie Karpfen, da diese ständig den Schlamm am Teichgrund aufwühlen.

Wenn der Wasserstand dramatisch abfällt, könnte die Tonschicht undicht sein. Manchmal lässt sich dies beseitigen, indem man großzügig Bentonit auf der Stelle verstreut, wo man das Leck vermutet. Sie können das Leck auch durch Pflanzenfarbe wie Fluorescein, die Sie ins Wasser gießen, aufspüren. Wenn es keine deutliche Spur hinterlässt, müssen Sie vielleicht das Wasser auslassen. Dann können Sie die Farbe besonders gut auf dem Grund erkennen, wo sie eine Spur zum Leck zieht. Als Reparaturmaterial für Tonteiche ist Bentonit einmalig gut geeignet. Entfernen Sie die Erde von dem mutmaßlichen Leck und verstreuen Sie das lose pulverige Material 15 bis 20 cm tief über dem Ton. Dann geben Sie den Mutterboden wieder darauf und lassen das Wasser ein.

Undichte Stellen

Betonschalen

Alte Betonteiche sind am häufigsten undicht. Im Laufe der Jahre wirken Bewegungen und Druck der umliegenden Erde auf die Betonschale und Haarrisse entstehen, aus denen langsam Wasser austritt. Ungleichmäßigkeit beim Betonmischen und der Einfluss von Frost verstärken die Probleme mit Beton. Heute wurde er jedoch größtenteils von Folien abgelöst.

Im Handel gibt es mehrere Dichtungsmassen für Beton, die Sie verwenden können, nachdem Sie den Teich geleert und die Risse aufgespürt haben. Bearbeiten Sie das Gebiet um die Risse gründlich mit einer Drahtbürste und legen Sie dann entlang dem Riss mit einem Kaltmeißel einen kleinen v-förmigen Kanal an, damit eine Oberfläche entsteht, in die sich die Dichtungsmasse einwölben kann. Wenn der Beton einfach nur schlechter geworden ist und abbröckelt, sollten Sie den ganzen Teich mit einer Folie auslegen.

Folien

Löcher in Folien sind leicht zu reparieren, wenn man das Leck erst einmal gefunden hat. Wie weit der Wasserspiegel sinkt, zeigt an, wo das Loch oder der Riss zu finden ist, und Sie müssen den Teich vielleicht gar nicht ganz auslassen. Senken Sie den Wasserspiegel bis knapp unter das Leck und bringen Sie einen Flicken auf dem Loch an, nachdem Sie es gesäubert und getrocknet haben. Für die meisten Folienarten gibt es Flickzeug.

Fertigteiche aus Glasfaser

Fertigteiche aus Glasfaser sind nur selten undicht. Falls sie dennoch einen Riss bekommen, reparieren Sie diesen lieber unsichtbar auf der Unterseite des Teiches, anstatt die Reparaturstelle im Teichinneren freizulegen. Reparaturmaterial für Glasfasern ist in Baumärkten oder Gartencentern erhältlich.

Aufgeblähte Folien

Unter bestimmten Bodenbedingungen und bei einem hohen Grundwasserspiegel, kann der Wasserdruck unter dem Teich so hoch sein, dass er die Folie nach oben drückt und aufbläht. Dies passiert meistens im Winter, wenn das Grundwasser am höchsten steht. Wenn dies häufiger auftritt, müssen Sie überlegen, ob Sie nicht vielleicht einen Abfluss vom Teichufer in den Teich legen. Wenn das Problem dagegen nur selten nach anhaltenden Regenfällen auftritt, beschweren Sie den Teichgrund mit Steinen, wenn die Folie wieder auf ihrer normalen Höhe liegt.

9 DER TEICH IM JAHRESLAUF

Ein Gartenteich ist zu jeder Jahreszeit faszinierend – egal, ob sich im Winter der Himmel in seinem stillen, spiegelglatten Wasser spiegelt oder im Sommer Insekten umherschwirren und bunte Seerosenblüten Farbe in den Garten bringen. Wenn Sie sich das ganze Jahr über um Ihren Teich kümmern, bekommen Sie viele kleine Belohnungen: So können Sie im Frühjahr die Fische begrüßen, denen das warme Wetter den Appetit zurückbringt, und im Herbst die Farben der Uferpflanzen bewundern, die Sie den Sommer über verwöhnt haben. Wer seinen Wassergarten regelmäßig pflegt, verhindert das Auftreten von Problemen und bekommt die schönsten Ergebnisse.

FRÜHJAHR

Ein gut gestalteter Naturteich, dessen Bepflanzung über das Ufer hinaus geplant wurde, begrüßt Sie schon zu Beginn des Frühlings mit bunten Blüten – ein willkommener Anblick nach den gedämpften Brauntönen und dem strohgelben Gewebe des Winters. Zu den ersten Pflanzen gehören die Sumpfdotterblumen (*Caltha palustris*). Ihre gelben Blüten passen hervorragend zu frühen blaublühenden Zwiebelblumen wie Schneestolz (*Chionodoxa* sp.) und Blausternchen (*Scilla* sp.) mit ihren auffallenden blauen Blüten. Beide Arten wachsen gerne auf feuchten Böden.

Wenn die traditionellen Schneeglöckchen verblüht sind, kommt die Sommerknotenblume (*Leucojum aestivum*), die viel höher als das gewöhnliche Schneeglöckchen wird, vor dem dunklen Hintergrund einer klaren Wasserfläche großartig zur Geltung.

Das Teichwasser, das zu Frühjahrsbeginn am klarsten ist, macht die frischen grünen Spitzen der Schwertlilienblätter leichter erkennbar, wenn sie sich durch den Winterschutz aus altem Laub kämpfen. Die Tage werden länger und der Teich wird plötzlich lebendig: Frösche paaren sich und plantschen im flachen Uferwasser, bevor sie – so schnell, wie sie gekommen sind – auch schon wieder verschwinden. Froschlaich ist das beste Kennzeichen für den Beginn eines neuen Jahres im Wassergarten und Fische legen an den ersten warmen Tagen mehr Lebendigkeit an den Tag.

Viele Uferpflanzen wachsen nun wieder. So weisen z.B. die jungen gestreiften Blätter des Wasserschwadens (*Glyceria maxima* var. *variegata*) hübsche rosa Schattierungen auf. In der feuchten Erde in Ufernähe beginnen die Primeln zu blühen. Besonders schön sind die runden Blütenstände der Kugelprimeln (*Primula denticulata*) knapp über der Erde, umgeben von den lockeren rosa Blüten der Rosenprimel (*Primula rosea*). Im Laufe des Frühjahrs entfalten Blätter und Blüten eine wahre Farbpracht, darunter auch die exotischen gelben, aronstab-ähnlichen Blüten der Scheincalla (*Lysichiton* sp.), die noch vor ihren riesigen Blättern zu sehen sind.

Allgemeine Pflege

● Entfernen Sie die Teichheizung und installieren Sie eine Pumpe, um die Filteranlage in Betrieb zu setzen.

● Überprüfen Sie das Teichwasser mit einem Wassertest. Ist es sauer, alkalisch oder ideal in der Mitte zwischen den Extremen?

Links: Viele Feucht-
pflanzen, die Sie um einen
Teich pflanzen können,
blühen im Frühjahr, bevor
das dichte Blätterdach
Sonnenlicht abschirmt.

dings benötigen diese noch
den Schutz eines Frühbeetes
oder eines Treibhauses.

- Das helle Frühlingslicht fördert
das Algenwachstum im Teich,
da Seerosenblätter jetzt noch
kaum Schatten spenden.
Verstreuen Sie ein paar
Schwimmpflanzen auf dem
Wasser, um das Licht zu
dämpfen.

- Härten Sie Sämlinge oder Setz-
linge ab, die Sie den Winter
über bedeckt hatten.

- Pflanzen Sie feuchtigkeits-
liebende Stauden an die Teichufer.

- Weist die Teichbepflanzung
noch Lücken auf? Kaufen Sie
die nötigen Pflanzen im späten
Frühjahr.

- Mulchen Sie die Sumpfbeete
in der Umgebung, damit sie
Feuchtigkeit für den Sommer
bewahren.

- Wenn der Teich viel verfaulendes organisches Material
enthält (braunes Wasser ist
typisch für diesen Zustand),
wechseln Sie etwa ein Drittel
des Teichwassers aus.

- Entfernen Sie Algen von Pflastersteinen und Abdeckungen.

- Reparieren Sie Holzbrücken,
Holzabdeckungen und Einfassungen und behandeln Sie sie
mit einem ungiftigen Holz-
schutzmittel.

Pflanzenpflege

- Schneiden Sie die alten braunen Blätter der Uferpflanzen
zurück, wenn Sie dies nicht bereits im Herbst erledigt haben.
Entfernen Sie die alten Blätter
knapp über den neuen grünen
Trieben, sonst sieht man die
Schnittstellen an den jungen
Blättern.

- Harken Sie die umliegenden
Beete und schneiden Sie
Büsche wie Hartriegel (*Cornus
alba*, *C.sanguinea*) zurück. Im
Winter spiegelten sich die

attraktiv gefärbten Rinden ihrer
Äste im Wasser.

- Schützen Sie den jungen Austrieb von Uferpflanzen wie
Gunnera (*Gunnera tinctoria*,
G. manicata) und Medizinal-
Rhabarber (*Rheum palmatum*)
gegen Spätfröste. Häufen Sie
alte Blätter über die neuen
Triebe und befestigen Sie sie
mit Hühnerdraht, bis kein Frost
mehr kommt. So kann der
Wind die Blätter nicht weg-
wehen.

- Legen Sie in frostigen Nächten
ein Vlies über empfindliche
Blumen wie die Scheincalla
(*Lysichiton* sp.).

- Empfindliche Uferpflanzen wie
Lobelien (*Lobelia cardinalis*,
L.sessilifolia) oder Gaukler-
blume (*Mimulus* sp.), die im
Winter durch eine dicke Mulchschicht geschützt wurden,
können herausgehoben und
geteilt werden. Auch Kopfstecklinge können Sie nun von
den jungen Trieben dieser zar-
ten Pflanzen nehmen, aller-

Fischpflege

- Füttern Sie die Fische wieder,
wenn die Wassertemperatur
auf etwa 10 ˚C gestiegen ist.
Benutzen Sie sehr eiweißhal-
tiges Futter und reichern Sie es
mit klein geschnittenen Würmern an.

- Untersuchen Sie die Fische auf
Parasiten oder Schuppenprob-
leme, die sie im Winter auf-
geschnappt haben könnten,
wenn sie schwächer sind.

- Reiher sind im Frühjahr besonders hungrig und aktiv, achten
Sie also darauf, dass Ihr Teich
geschützt ist.

SOMMER

Im Frühsommer bilden die Orange- und Gelbtöne der Trollblumen (*Trollius* sp.) einen wunderschönen Kontrast zu dem kräftigen aufrechten Laub der Uferpflanzen. Die beige gestreiften Blätter der Wasser- oder Sumpfschwertlilie (*Iris pseudacorus* 'Variegata') bringen besondere Pracht in die Bepflanzung, bevor sie im Hochsommer grün werden. Wenn der Hauptschub des frühsommerlichen Wachs-

tums erst einmal vorbei ist, wirkt der Teich ruhiger und die Seerosenblüten öffnen sich.

Der Spätsommer lässt den Garten mit den Blüten der Feuerlobelie (*Lobelia cardinalis*) – die grellsten roten Blumen, die an den Uferzonen zu finden sind – besonders dramatisch wirken. Sie verschmelzen wunderbar mit einer anderen auffälligen Spätsommerpflanze, dem Hechtkraut (*Pontederia cordata*). Seine Ähren mit hübschen hellblauen Blüten stehen über kräftigen glänzenden Blättern, die an Schilde von Kriegern erinnern.

Allgemeine Pflege

● Wenn der Wasserspiegel bei heißem sonnigem Wetter sinkt, deutet dies in einem kleinen Teich nicht automatisch auf ein Leck hin. Der Verlust entsteht viel wahrscheinlicher durch Verdunstung und Sie sollten den Teich daher häufig auffüllen. Wenn Sie zu lange warten, kommt zu viel frisches Wasser auf einmal in den Teich. Benutzen Sie wenn möglich Regenwasser, da Leitungswasser in den Sommermonaten besonders viel Mineralien und manchmal Chlor enthält.

Links: Die Wasseroberfläche ist fast nicht mehr zu
sehen, wenn Ufer- und
Sumpfpflanzen zu ihrer vollen Größe heranwachsen. Im
Gegensatz zu den protzigen
Frühlingsblumen bilden die
leichten und luftigen Blüten
des Froschlöffels (*Alisma*
sp.) einen feinen Kontrast
zum dunklen Wasser.

- Überwachen Sie die Wasserbeschaffenheit mit Wassertests
  und behandeln Sie das Wasser
  entsprechend.
- Halten Sie den Pumpenfilter
  am Auslauf sauber, da dieser
  leicht verstopft und so den
  Fluss der Pumpe reduziert.

Pflanzenpflege

- Teilen Sie Ufer- und Unterwasserpflanzen so oft wie nötig.
  Außerdem gibt es einige Flachwasserpflanzen mit schwimmenden Blättern, z.B. die Seekanne (*Nymphoides peltata*)
  die Sie ganz einfach vermeh-

ren können, indem Sie die Ausläufer oder Jungpflanzen von
der Mutterpflanze abtrennen.
- Geben Sie zarte Schwimmpflanzen in den Teich.
- Überprüfen Sie Seerosen auf
  Schädlinge. Spritzen Sie diese
  gegebenenfalls mit einem
  kräftigen Wasserstrahl ab.
- Entfernen Sie regelmäßig
  welke Seerosenblätter, indem
  Sie die langen Stängel weit
  unter der Wasseroberfläche
  abschneiden.
- Düngen Sie Seerosen und andere unterernährte Pflanzen
  falls nötig mit speziellen Dün-
  gesäckchen, die ihren Inhalt
  nur langsam abgeben.
- Schneiden Sie Sauerstoffspender zurück, wenn diese zu sehr
  wuchern, und benutzen Sie die
  Spitzen als Stecklinge.
- Entfernen Sie verwelkte Blüten,
  damit sich die Samen später
  nicht ausstreuen.
- Schneiden Sie von Mehltau befallene Blätter und Stängel weit
  zurück, damit noch vor dem
  Herbst ein neuer Austrieb erscheint.
- Gegen Ende der Blütezeit können Sie Samenstände von

Sumpfpflanzen abnehmen; die
meisten, z.B. Primeln, werden
sofort ausgesät. Samen von
Unterwasserpflanzen wie der
Afrikanischen Wasserähre
(*Aponogeton distachyos*) und
der Goldkeule (*Orontium
aquaticum*) werden dünn in
Saatschalen oder halben
Blumentöpfen in Wasserpflanz-
erde gesät. Halten Sie diese
ständig feucht, indem Sie sie
in einen flachen Behälter mit
Wasser stellen.

Fischpflege

- Lassen Sie Springbrunnen oder
  Wasserfälle bei heißem Wetter
  über Nacht laufen, da Fische
  nachts nur sehr schwer ausreichend Sauerstoff aufnehmen können.
- Entfernen Sie Kieselalgen sofort, bevor sie dichte Teppiche
  bilden, in denen sich kleine
  Fische hoffnungslos verfangen
  können.
- Überfüttern Sie Fische bei
  warmem Wetter nicht, da sie
  im Sommer mehr natürliche
  Nahrung finden.
- Setzen Sie, falls nötig, neue
  Fische in den Teich.

HERBST

Herbstfarben bringt man normalerweise mit dem bunten Laub von Bäumen und Sträuchern wie Japanischem Ahorn (Sorten von *Acer palmatum*) in Verbindung. Aber auch Pflanzen in Wassernähe wie der Königsfarn (*Osmunda regalis*) zeigen subtile Farbschattierungen: Den ganzen Sommer über bringen seine blassgrünen Blätter eine erfrischende Kühle an die Teichufer, doch wenn die Nächte kühler werden, nehmen sie ein warmes Goldbraun an.

Wenn Ihr Garten so groß ist, dass Sie am Teichufer einen Baum pflanzen können, übertrifft zu dieser Jahreszeit kaum einer den Anblick des Mammutbaumes (*Metasequoia* sp.). Obwohl er ein Nadelbaum ist, verliert er seine Nadeln im Winter, nachdem sie ein weiches Gelb oder Orange angenommen haben. Der Baum ist schmal und säulenartig, er mag Wasser in der Nähe seiner Wurzeln und lässt sich noch an Stellen unterbringen, wo breitere Bäume keinen Platz hätten.

Wenn die Seerosen langsam verblühen, überraschen uns die duftenden weißen Blüten der Afrikanischen Wasserähre (*Aponogeton distachyos*) mit einer zweiten Blütezeit. Die winzigen wedelartigen Vegetationskörper des schwimmenden Feenkrauts (*Azolla filiculoides*) nehmen einen ungewöhnlichen rosa Farbton an. Wenn das Wasser kälter wird und die ersten Fröste auftreten, sinkt diese empfindliche Pflanze auf den Teichgrund. Sie stirbt in kalten Wintern ab, entwickelt sich aber meist wieder aus Sporen. Unterwasserpflanzen wie die Papageienfeder (*Myriophyllum aquaticum*) nutzen die Gelegenheit, um sich mit ihren grazilen Blättern über die klare Wasseroberfläche auszubreiten.

Allgemeine Pflege

● Nehmen Sie mit Beginn des schlechten Wetters die Pumpe aus dem Teich, wenn Sie Filter, Wasserfall oder Springbrunnen im Winter nicht benötigen. Eine schwimmende Teichheizung können Sie nun an die freie Steckdose anschließen, so dass sie zum ersten Kälteeinbruch bereit steht.

● Legen Sie ein Netz (Plastikgitter) über die Wasseroberfläche und beschweren Sie es an den Rändern mit Steinen, damit es gespannt bleibt. So halten Sie Laub von der Wasseroberfläche fern.

● Entfernen Sie weiterhin Algen, falls nötig.

Pflanzenpflege

● Schützen Sie frostempfindliche Pflanzen durch eine Mulchschicht aus organischem Material über ihrem Wurzelhals.

● Entfernen Sie empfindliche Schwimmpflanzen wie Wasserhyazinthe (*Eichhornia crassipes*) oder Wassersalat (*Pistia stratiotes*) und lassen Sie sie an einem hellen, frostfreien Ort im Haus überwintern. Setzen Sie sie in flache Schalen mit Pflanzerde und halten Sie sie ständig feucht.

● Die ersten Fröste lassen die Blätter großer Feuchtpflanzen wie Medizinal-Rhabarber und Gunnera schwarz werden. Schneiden Sie die erfrorenen Blätter ab und legen Sie sie als Winterschutz über den Wurzelhals.

● Dünnen Sie Unterwasserpflanzen aus und schneiden Sie sie zurück. Entfernen Sie verfaulendes und absterbendes pflanzliches Material, bevor es im Winter auf den Teichgrund sinkt und dort verrottet.

Fischpflege

- Wenn das Wetter mild ist und die Wassertemperatur über 10 °C liegt, können Sie die Fische noch füttern, doch sollten Sie ihre Ernährung auf Weizenkeimkügelchen umstellen. Wenn es allerdings kalt wird, sollten Sie das Füttern ganz einstellen.
- Schützen Sie Fische vor Raubtieren, indem Sie ein 60 cm langes Rohrstück aus schwarzem Plastik oder Terracotta mit einem Durchmesser von mindestens 23 bis 30 cm auf den Teichgrund legen.

WINTER

Spiegelungen auf dem Wasser sind im Winter am besten zu sehen, und es mag Sie vielleicht überraschen, dass der Teich nun zu dieser kargen Zeit den größten Eindruck machen kann. Stängel und Umrisse kommen gut zur Geltung, besonders wenn sie sich im Wasser spiegeln.

Trotz der Kälte nützen Vögel den Teich im Winter häufiger zum Baden und werden einen kleinen Wasserlauf mit Felsenteichen sehr zu schätzen wissen – vorausgesetzt Sie lassen das Wasser auch im Winter laufen. Ganz allgemein mögen es Tiere, wenn Sie im Winter etwas Laub stehen lassen, anstatt die Teichränder gründlich zu säubern

Allgemeine Pflege

- Wenn sich auf der Wasseroberfläche für längere Zeit Eis bildet, bohren Sie Löcher durch die Eisfläche, sodass Methangas entweichen kann.
- Schützen Sie flache oder gemauerte Teiche, die empfindlicher gegenüber Frost sind, bei sehr kaltem Wetter mit einer Plastikfolie oder Brettern.
- Entfernen Sie Schnee, der auf dem Eis liegt, damit Licht in den Teich dringen kann.
- Legen Sie schwimmende Gegenstände auf das Wasser, um den Druck durch das Eis auszugleichen.
- Wenn der Teich länger zugefroren ist, senken Sie den Wasserspiegel um 5 cm, sodass eine isolierende Luftschicht zwischen Eis und Wasser entsteht.
- Im Winter wirkt der Wind manchmal sehr austrocknend und die Verdunstung senkt den Wasserspiegel. Daher kann das Auffüllen im Winter sehr wichtig sein.
- Entfernen Sie abgestorbenes Laub aus dem Wasser.

Pflanzenpflege

- Nehmen Sie Zwergseerosen im Winter aus gemauerten Teichen oder Fasshälften und bringen Sie sie zum Überwintern an einen frostfreien Ort.
- Besprühen Sie Pflaumen- und Kirschbäume in der Nähe mit einer eierabtötenden Winterspritzung, um überwinternde

Oben: Im späten Winter zeigen Schwertlilien, Narzissen und Sumpfdotterblumen die ersten Anzeichen von neuem Wachstum. Über die klare Wasseroberfläche werden bald die Paarungsrufe der Frösche und Kröten erschallen.

Seerosenblattläuse zu vernichten.
- Im Winter können Sie die umliegende Bepflanzung gut unter die Lupe nehmen und erkennen, ob Sie zusätzliche Sträucher und Bäume brauchen.

Fischpflege

- Wenn die Pumpe weiter läuft und einen Wasserlauf oder biologischen Filter betreibt, so heben Sie sie vom Teichgrund herauf, damit sie das kältere Wasser an der Oberfläche bewegt. So bleibt das wärmere Wasser ungestört für die Fische.
- Lassen Sie die Fische in Ruhe und füttern Sie sie auch in milden Zeiten nicht.

REGISTER

Kursive Seitenzahlen beziehen sich
auf die Abbildungen.

Abdeckung 14, 58, 119
Abflüsse 20
Abhärten 119
Acer palmatum 122
Acorus
    A. calamus 33, 93
    A. gramineus 94
    'Argenteostriatus' 94, *94*
Ahorn, Japanischer 12
Algen 18, 79, 80, 112
    Beseitigung 45, 115, 118
    Erosion 20
    Gegenmittel 109, 119
Alisma plantago-aquatica 94, *120*
Aponogeton distachyos 104, *104*, 121, 122
Auffüllen 112, 120, 123
Aushub 22 – 37
Azolla filiculoides 87, 102, 122

Bachbunge 37
Bäche 8, 11, 12, 39, 40–43
Bambus 42
Bekämpfung, biologische 89
Beleuchtung 17, 64
Bepflanzung 78–86
Bentonit 37, 117
Beton
    Kanäle 50
    Platten 14, 55, 56
    Teiche 28, 69, 117
Bezugsfläche 42
Bezugspunkt 29
Blattläuse 89
Blattrost 91
Blickpunkte 46
Blumenbinse 95
Böden
    Kalk 36
    Lehm 36
Brennender Hahnenfuß 100
Brücken 60, 119
Brunnen 52 – 53
Butomus umbellatus 95
Butylfolie 26, 27, 42

*C*alla palustris 95
Callitriche sp. 103
    C. stagnalis 103
Caltha palustris 33, 37, *37*, 42, 91, 95, *95*, 118
Carex elata 'Aurea' 96
Ceratophyllum demersum 103
Chionodoxa 118
Cicadella viridis 89
Cornus 15, 119, 123
Cotula coronopifolia 96
Cyperus longus 96, *96*

*D*armera peltata 97
Doppel-Kaskaden 45
Dünger 20, 88, 111, 121
Durchflussregler 9, 44, 49, 53

*E*ibe 19
Eichhornia crassipes 83, 87, *88*, 102, 122
Einfassungen 55–57
Elodea crispa 84
Entwässerungskanäle 20
Erdkabel 16
Eriophorum angustifolium 97

*F*ächerpalme 42
Fadenalgen 45, 112, *112*, 121, 122
Farbscheiben 64
Farne *20*
Fässer 12, *12*
Feenkraut 87, 102, 122
Fehlerstromschutzeinrichtung 17, 41
Feldsteine 56
Felseinfassung 56
Fertigbäche 40–41
Fertigteiche 24–25, 34, 40
Fieberklee 98
Fiederpolster 77
Findlinge 8, 62
Fische 10, 68–77, 111, 114
    Bestand 69
    Füttern 72, 121, 123
    Kauf 70
    Krankheiten 77
    Lehmteiche 117
    Pflege 71, 118–123

Schädlingsbekämpfung 89, 90
Schwimmpflanzen 82, 102
Springbrunnen 44
Stöpsel 23
Transport 70
Zucht 73
zugefrorene Teiche 116
Flockungsmittel 111
Flossenfäule 77
Folien 26–33, 40, 42, 117
    biegsame 26–33, 40, 42, 117
    Butyl 26, 27
    Größenberechnung 29
    Polyäthylen 26, 27
    Polyäthylen mit niedriger Dichte 27
    PVC 27
Folienteiche 26–33
Folienbäche 42–43
Frösche 67, *68*, 118
Froschlaich 188
Froschlöffel 94, *120*
Frost 19, 20, 72, 87, 119, 122, 123
Frühjahr 118
Füttern 88, 122

*G*asleitungen 20
Gebirgspflanzen 12, 35, 40
Gelbrandkäfer 76
Geysir 45
Gitter 14, *14*, 15
Glasfaser-Teiche 23, 24, 40, 117
Glyceria maxima var. *variegata* 97, 118
Goldfisch 71, 73, 74, 102
Goldkeule *85*, 102, 104, 121
Goldknöpfchen 77, 96
Goldorfe 74
Goldregen 19
Grasufer 56
Grundwasserspiegel 20, 23, 36, 117
Gunnera sp. 65, 119, 122

*H*alesus radiatus 90, *90*
Hanglage 11, 19, 34
Hartriegel 15, 119, 123
Hechtkraut 100, *101*, 120
Heizung 116, 122
Herbst 122

Himmelsteich 36
Holzabdeckung 14, 58, 119
Hornblatt 103
Houttuynia cordata 97
    'Chamäleon' 97
Hygiene ₆8

Igelkolben 36
Iris 9, 67, 80, 98, 118
    I. laevigata 87, 98
    I. pseudacorus 33, 42, 99, 120
    I. sibirica 42
Iris-Blattrost 91

Juncus ensifolius 99

Kabel 16
Kabelverbinder16
Kalk 111
Kalkgehalt 45
Kalkstein 57
Kalmus 93, 94
Kanäle *10*, 11, 50–51
Katzen 73
Kaulquappen 68
Kieselsteine 8, 9, 14, 26, 42, 52, 56, 57,
    58
    Einfassung 57
    Pflasterung 56
    Strand 33, 58, *58*
    Sumpfgärten 33
Kieselstein-Springbrunnen *15*, 17, 52
Kinder 13–17
Kirschbäume 89
Köcherfliege 90, *90*
Koi-Karpfen 11, *68*, 71, 73, 74, 111
Königsfarn 122
Kopfstecklinge 119, 121
Körperfäule 77
Krankheiten 77, 89, 91, 199
Krebsschere 87, 102
Kröten 67
Kübel 80, 84–86

Laichkraut, Krauses 103
Laubfall 19, 122
Lemna sp. 79, 82, *83,* 87

Leucojum aestivum 118
Libellen 67, *76,* 77
Licht 17, 64–65
Lobelia 119
    L. cardinals 120
Lysichiton sp. 83, *83,* 99, 118, 119

Mammutbaum 122
Maskenbrunnen 47–49
Medizinal-Rhabarber 65, 119, 122
Mehltau 91, 121
Menyanthes trifoliata 99
Metasequoia sp. 122
Mimulus sp. 119
Mücken 69, 72
Mulchen 119, 122
Mutterboden 23
Myosotis scorpioides 33, 37, 100, *100*
Myriophyllum sp. 82, *102,* 103, 122

Nadelbäume 19, 111, 122
Naturteiche 10, 67
    Abstufung 14
    Brücken 60
    Einfassung 56
    Fertigteiche 24
    Folien 26, 30–1
    Frost 19
    Standort 18
    Zusammenstellung der Pflanzen
    80
Neuseeländischer Flachs 42
Nymphaea 80, 81, 85, 105–107, 110,
    115
    Ernährung 88
    Krankheiten 91
    pflanzen 86
    Pflege 121, 122
    Schädlinge 89, 90
    Schatten 19
    Teilung 88
    verfaulende Blätter 111
    zurückschneiden 87, 121
Nymphoides peltata 121

Oberflächenwasser 111
Orfe 69, 72, 73, 74
organisches Material 111

Orontium aquaticum 85, 102, 104, 121
Osmunda regalis 122

Palisaden 34, 56, *56,* 63
Panzerrohr 16
Pappel 36
Parasiten 77, 91, 119
Pfeilkraut 101
Pflanzennahrung 88
Pflanzenschädlinge 89–91
Pflanztechnik 84–86
Pflanzzeit 84
Pflastersteine *13,* 14, 51, 56, 61
Pflasterung 55, 56
Pflaumenbäume 89, 123
Phormium sp. 42
Phragmites sp. 37, 93
Pilz 77
Pirouette 45
Pistia stratiotes 83, 87, 122
Planung 8–21, 39, 81
Polyäthylen-Folien 26
Polygonum amphibium 104
Pontederia cordata 100, *101,* 120
Populus sp. 36
Porzellanspinner 69
Posthornschnecke 90
Potamogeton crispus 103
Primel 118
Primula
    P. denticulata 118
    P. rosea 118
Probleme und Lösungen 108–117
Profil 18
Proportionen 18
Pumpen *16,* 17, 39, 46, 52, 114
    Durchflussregler 9, 44, 49, 53
    Pflege 121–123
PVC-Folien 26

Quarzfels 57
Quellsteine 52–53
Quelltopf 40, 41

Ranunculus flammula 100
Rasenentfernung 23, 29
Reiher 73, 75, 119
Rohrkolben *33,* 37, 79, 93, 101

Rollbord 34
Rückenschwimmer 75
Rundhölzer 34, 56, *56*, 63

Sagittaria sp. 101
Salix sp. 15, 36
Samenhülsen 121
Sandkästen 13
Sandstein 57
Schädlinge 75–77, 89–91, 121
Schatten 18
Schaumkrone 45
Scheincalla 83, *83*, 99, 118, 119
Scheinwerfer 65
Schiefer 57
Schildblatt 97
Schilf 37, 93
Schimmelpilze 77
Schleierschwanzgoldfisch 74
Schnecken 90
Schneeglanz 118
Schoenoplectus lacustris ssp.
  tabernaemontani 32, 101
Schotter 58
Schutzgitter 14, *14*, 15
Schwallsprudler 45
Schwarm-Mücke 90
Schwertlilie, Sibirische 42
Schwimmblattpflanzen, 83, 86,
  104–107, 115, 121
Schwimmpflanzen 82, 102, 115,
  119
  grünes Wasser 109
  pflanzen 85
  Pflege 121
  zurückschneiden
  Scilla 118
Seebinse 32, 101
Seekanne 121
Seerosen 80, 81, 85, 105–7, 110, 115
  Dominanz 113
  Ernährung 88
  Krankheiten 91
  pflanzen 86
  Pflege 12–122
  Schädlinge 89, 90
  Schatten 19
  Teilung 88
  verfaulende Blätter 111
  zurückschneiden 87, 121

Seerosenblattkäfer 69, 90
Seerosenblattläuse 89, 123
Seerosen-Wurzelhals-Fäule 91
Seerosen-Zünsler 89
Segge 96
Shubunkins 74, 77
Sicherheit 13 – 17
Sickerwasser 23
Singzikade 89
Solitärpflanzen 42, 65, 80
Sommer 120
Sparganium erectum 37
Spiegelungen 8, 20, 65, 80, 111, 123
Spielelemente 17
Spitzschlammschnecke 91
Springbrunnen 8, 11, 16, *39*, 44–45,
  71, 114
  Beleuchtung 64, *65*
  Feldstein *15*, 17, 52
  gemauerte Teiche 10
  Masken 47–49, 64
  Pflege im Sommer 121
  Wasserspeier 46–49
Standort 18–21, 67
Stechpalme 19
Stecklinge 119, 121
Stein
  Einfassung 56
  Naturstein 14, 55, 56
Stöpsel 23
Stratiotes aloides 87, 102
Strom 17
  Anschluss 20
  Hauptleitung *16*, 17
  Kabel 20
  Niederspannung *16*, 17, 65
Stromunterbrecher 17, 41
Sumpfcalla 95
Sumpfdotterblume 33, 37, *37*, 42, 91,
  95, *95*, 118
Sumpfgärten 10, 28, 32, 62, 67
Sumpfschwertlilie, Gelbe 33, 42, 99,
  120
Süßgras *97*, 118

Tausendblatt 82, *102*, 103,122
Teichbau 22–37
Teiche
  formale 9, 11, *17*, 18, *18*, *23*, 24,
  26, *39*, 55–59, *55*, *56*, 80

für Tiere 11, 15, 32, 66–68, 73
gemauerte 10, 15, 23, *23*, 34, 46,
  123
undichte 117
vernachlässigte 113–115
zugefrorene 72, 116, 123
Teichschnecke, Gemeine 91
Teilung 88, 121
Telefonleitungen 20
Temperaturschwankungen 18,
  72
Tiefe 18, 25, 67, 73, 85, 93
Tonteiche 36, 117
Trachycarpus fortunei 42
Trittsteine 61–63
Tröge 12
Trollblume *80*, 120
Trollius sp. *80*, 120
Typha sp. *33*, 37, 79, 93, 101

Ufer 54–59
  abstufen 13
  gemauerte 15
  Pflastersteine *13*, 14
  Schutzmauer 15
  sichtbare 14
Uferpflanzen 83, 93–101, 115
  Frühling 118
  Naturteiche 30, 31, 67
  pflanzen 67, 86
  Planung 81
  Schaden durch Wind 19
  Sumpfgärten 33
  Teilung 88, 121
  Tonteiche 37
  zurückschneiden 87, 119, 122
Unterboden 23
Unterwasserbeleuchtung 65
Unterwasserpflanzen 71–73, 80, 82,
  103, 115
  pflanzen 86
  Pflege 121–122
  Teilung 88
  zurückschneiden 87

Verfüllen 25
Veronica beccabunga 37
Vögel 11, 123
Vorratsbecken 52

Waschbecken 12

Wasser
   alkalisches 69, 111, 112, 118
   braunes 111
   grünes 18, 109–111
   milchiges 111
   öliges 111
   saures 69, 111, 118
   schwarzes 111
   Test 111, 118, 121
   Wasserspiegel 120

Wasserähre, Afrikanische 104, *104*, 121, 122

Wasserbehälter, abgeschlossene 12

Wasserfall 8, 9, 12, 40, 71, 121

Wasserfläche 110

Wasserglocke 45

Wasserhyazinthe 83, 87, *88*, 102, 122

Wasserknöterich 104

Wasserlinse 79, 82, 83, 87

Wasserpest 84

Wasserpflanzenerde 85

Wasserrohre 20

Wassersalat 83, 87, 122

Wasserschwaden *97*, 118

Wasserskorpion 76

Wasserspeier 46–49

Wasserstern 102, 103

Wassertest 69

Weide 15, 36

Weiße Scheincalla *83*

Weißfleckenkrankheit 77

Wiederauffüllen 113, 115

Wildpflanzen 79

Wind 19

Windschutz 19

Winter 80, 116, 123

Wollgras 97

Zäune 13

Ziegel
   Einfassung 56
   Trittsteine 61

Zierteiche 9, 11, *17*, 18, *18*, *23*, 24, 26, *39*, 55–59, *55*, *56*, 80

Zurückschneiden 89, 119, 121, 122

Zusammenstellung von Pflanzen 80

Zwergbinse 99

Zwergkalmus 94, *94*

Zwergrohrkolben *33*, 101

Zypergras 96, *96*

BILDNACHWEIS